LETTRES

DE

M. L'ABBÉ HUARD

Curé de Saint-Vaast,

SUR SON VOYAGE EN ITALIE

A L'OCCASION DE L'OUVERTURE DU CONCILE.

ROUEN

IMPRIMERIE DE E. CAGNIARD,

Rues de l'Impératrice, 88, et de Basnage, 5.

—

1870.

LETTRES

DE

M. L'ABBÉ HUARD

Curé de Saint-Vaast,

SUR SON VOYAGE EN ITALIE

A L'OCCASION DE L'OUVERTURE DU CONCILE.

ROUEN

IMPRIMERIE DE E. CAGNIARD,

Rues de l'Impératrice, 88, et des Basnage, 5.

—

1870.

Rouen, 24 juillet 1870.

Mon cher Jules,

Peut-être seras-tu contrarié de voir, livrées à l'impression, des pages émanées d'une correspondance purement intime et que tu croyais sans doute ensevelies dans le secret de nos petites archives de famille.

Deux causes m'ont porté à réunir tes lettres en brochure : la première vient de mon désir de te témoigner ma reconnaissance pour avoir bien voulu, malgré les fatigues de ton voyage, t'imposer la laborieuse tâche de me participer tes impressions et de me communiquer les détails intéressants que tu recueillais sur les endroits par toi parcourus, ainsi que sur les cérémonies si imposantes, dont tu as été le témoin.

Tu trouveras, sans doute, que témoigner sa gratitude par l'indiscrétion est assez bizarre, mais je suis sûr d'avance, que ta fraternelle indulgence me sera acquise en faveur du motif qui m'a guidé, lorsque tu sauras, et là se trouve mon second motif, que je remplis les désirs des amis auxquels j'ai communiqué ta correspondance, leurs gracieuses instances à cet égard ont vaincu chez moi toute hésitation, je ne puis mieux les récompenser de l'intérêt qu'ils te témoignent. Et, pour leur satisfaction comme pour la mienne, il faut que tu te résignes à souffrir l'impression que tu ne peux empêcher.

Ton frère affectionné,

Ed. Huard.

LETTRES

DE

M. L'ABBÉ HUARD

Curé de Saint-Vaast,

SUR SON VOYAGE EN ITALIE

A L'OCCASION DE L'OUVERTURE DU CONCILE.

1re Lettre.

Saint-Vaast, le 25 octobre 1869.

Mon cher Edouard,

Grande nouvelle et grande joie à t'annoncer aujourd'hui ! Grâce à la proposition la plus aimable et la plus inattendue ; grâce à l'obligeance de ce bon abbé Guérard, le prêtre habitué de ma paroisse que tu connais et qui veut bien me remplacer pendant six semaines ; grâce enfin à la permission que Mgr l'évêque de Bayeux vient de m'accorder avec le plus gracieux empressement, je suis à la veille de réaliser le plus beau rêve de la vie d'un chrétien, et surtout d'un prêtre.

Dans quelques jours je vais à Rome ! Et en te traçant cette ligne, je ne puis me défendre d'un certain tremblement de joie que tu n'auras pas de peine à comprendre. Etre sur le point d'aller voir de mes propres yeux, une ville à jamais célèbre, dont on nous a fait étudier dans notre jeunesse tous les monuments et les héros, dont nous avons tant entendu parler dans ces derniers temps, depuis qu'elle est devenue la grande convoitise de la Révolution. Être sur le point de contempler cette belle figure de l'immortel Pie IX, de pouvoir obtenir pour moi, pour ma famille et pour ma paroisse, l'inappréciable faveur de sa sainte et paternelle bénédiction. Penser que je vais me trouver dans la ville éternelle, au moment même où, près de huit cents évêques, venus de tous les points de l'Univers, vont s'y réunir pour l'ouverture du concile œcuménique, ces grandes assises de l'Eglise, qui n'ont point eu lieu depuis plus de trois cents ans ! Oui, en vérité, toutes ces pensées me rendent fou de joie, et j'ai toutes les peines du monde à me persuader que tout cela n'est point un rêve et que je suis parfaitement éveillé.

C'est le 15 novembre prochain que je pars. J'ai quelqu'espoir de me trouver en compagnie du bon M. Mabire, que tu as vu chez moi et qui a été si gracieux pour ta fille aînée ; il doit aussi quitter Caen le 15 novembre et aller à Rome pour y rester jusqu'à Pâques. Ce serait pour moi une véritable bonne fortune de voyager avec quelqu'un d'aussi instruit et qui a déjà eu le bonheur de faire ce beau pèlerinage.

Je me suis hélas ! vu bien près de voir avorter tous ces beaux projets de voyage. En allant à Bayeux pour demander un congé à notre cher évêque, il m'est arrivé en compagnie d'Aimée, ma gouvernante, une assez fâcheuse aventure. Le cheval qui traînait ma voiture, est tombé sans nous prévenir. (Il faut bien avouer que je le pressais peut-être un peu trop) ; je suis tout d'une pièce sorti du cabriolet en déchirant le tablier, pour aller m'étendre sur le dos du cheval ; Aimée s'est trouvée lancée au-dessus de nous deux et s'est retrouvée debout à notre tête sans trop savoir comment. « Ah ! M. le curé, s'est-elle écriée, je vais « mourir ! » « Attendez un peu, lui répondis-je, aidez-« moi d'abord à me relever et à dételer notre pauvre che-« val, et vous y songerez après. » C'est qu'en effet, c'était-elle la moins malade, je m'étais un peu contusionné et notre malheureuse monture avait les genoux complètement abîmés. Quant au cabriolet, l'un des bras en était rompu ; ce qui nous a valu l'ennui de revenir au pas et de ne pouvoir rentrer chez moi que fort avant dans la nuit. Cet accident m'avait fortement ému ; mais la gracieuse permission que venait de m'accorder Mgr l'évêque de m'absenter pendant six semaines, m'a radicalement guéri de cette grave émotion.

Comme je vais m'occuper sérieusement à mettre toutes mes petites et grandes affaires en ordre, ne sois pas surpris de ne point recevoir de mes nouvelles d'ici quinze ou vingt jours. Je ne sais d'où je te daterai ma prochaine lettre.

Embrasse pour moi ta femme. tes filles et toi-même, *si tu le peux.*

Tout à toi.

2me Lettre.

Château de Sainte-Honorine, près Caen, le 15 novembre 1869.

MON CHER EDOUARD.

Tu me fais, dans ta dernière lettre, une obligation rigoureuse de passer par Rouen, pour te faire mes adieux et m'y procurer les moyens de visiter non-seulement Rome, mais encore les plus remarquables villes de l'Italie. Eh bien ! demain au soir vers neuf heures, tu entendras sonner à ta porte et ce sera moi.

Mais ne pense pas que le désir de voir se gonfler les flancs de ma bourse, soit le but et le motif de ce long détour ? Non, assurément ! grâce à l'aimable et si inattendue proposition dont je te parlais dans ma dernière lettre, à toutes les petites économies que j'ai pu réaliser et à une somme très sérieuse qui m'est tombée du ciel (puisqu'il m'a été défendu d'en faire autrement connaître l'origine, je puis, comme tu le vois, faire un grand et fructueux voyage sans autre crainte que celle des voleurs. Néanmoins, tu me verras demain, car je veux t'exprimer ma vive reconnaissance et te dire combien j'ai été sensible à la proposition pleine de cœur que tu m'adressais ces jours passés et dont je te garderai toujours bon souvenir pour toi et les tiens.

J'ai déjeuné ce matin à Caen, chez Mme Solange, avec M. l'abbé Mabire ; mais sans leur exprimer toute ma peine. j'y ai éprouvé un très grand désenchantement, M. Mabire par suite de la maladie d'un jeune prêtre de ses amis et anciens élèves qui doit l'accompagner à Rome et y séjourner autant que lui, ne part que dans huit jours ; de sorte que moi qui n'ai que six semaines pour mon voyage et qui, par cette raison ne puis gaspiller mon temps, je vais aller seul à Marseille, où j'ai fait retenir ma place sur le *Pausilippe*, pour le lundi 22 novembre, car c'est par mer que j'ai le désir de me rendre à Rome. De ma vie, je n'ai mis le pied sur un paquebot et je ne serai point fâché de savoir le train qu'on y mène et l'air qu'il y fait.

Puisque je suis seul pour traverser la France et complètement libre de mes actions, je resterai douze heures chez toi, six heures à Triel, chez le cousin Raulet, une nuit et un jour à Paris chez M. Vannetelle, qui veut bien me guider aux quatre coins de Paris où j'ai toutes sortes d'affaires à régler ; je m'arrêterai une journée entière à Lyon, pour visiter cette grande et belle ville et deux familles amies que j'y ai. Le samedi et le dimanche seront employés à me reposer et à visiter Marseille.

Mme d'Argenton et M. de Boisdenemetz, son gendre, chez lesquels je suis descendu ce soir, m'ont fourni les meilleures et les plus honorables recommandations. M. de Boisdenemetz qui, comme officier supérieur, a fait partie de l'expédition de Rome, s'est acquis dans cette ville beaucoup de connaissances et d'amis, de sorte que son nom me servira en quelque sorte de passeport. Mme d'Argenton est la grande amie de Mme la marquise de Banneville, ambassadrice de France à Rome, et, dans la récente visite que cette dame fit à Sainte-Honorine avant son départ pour l'Italie, mon nom et mon dessein d'aller à Rome, lui furent indiqués avec une chaude prière de m'être utile et agréable, ce qui fut accepté et promis de la plus gracieuse manière du monde.

C'est pourvu de toutes ces recommandations et renseigné sur les mœurs, les habitudes, les exigences et sur mille et mille choses qui se passent à Rome et qu'il est bon et grandement utile de savoir, que je quitte Sainte-Honorine.

Tu vas recevoir cette lettre quelques minutes seulement avant mon arrivée, mais c'est tout ce qu'il faut.

A tantôt !

3ᵉ Lettre.

Paris, jeudi 18 novembre 1869.

Mon cher Edouard,

En te quittant, toi et les tiens, tu m'as fait promettre de t'écrire aussi souvent que possible, de te mettre au courant des moindres comme des plus remarquables incidents de mon voyage ; je le veux bien, mais c'est à la condition que chacune de mes lettres me tiendra lieu de journal à moi et que tu voudras bien à mon retour me remettre en possession de tout ce que je t'adresserai.

Je vais donc commencer, dès ce soir, puisque je suis seul et bien tranquille, attendant l'heure du départ. M. et Mᵐᵉ Vannetelle ont eu l'obligeance de m'accompagner depuis Passy-Paris, jusqu'à la gare, mais je viens de les engager à retourner chez eux. Inutile de les obliger à rester jusqu'à dix heures et demie du soir ; j'aime mieux passer l'heure d'attente avec toi dans un petit coin de la gare parfaitement éclairé.

Profitant des rapides moyens de transport qui sont à notre disposition aujourd'hui, j'ai donc pu hier déjeuner chez toi, dîner chez Raulet et souper à neuf heures à Passy. En vérité, c'est mener une vie semblable à celle de ce bon chanoine de Cambremer, dont nos vieux parents nous racontaient jadis les rapides et diaboliques pérégrinations. Mᵐᵉ Vannetelle, qui pense à tout, vient de prévenir sa nièce de Lyon, que j'arriverai demain chez elle dans la matinée ; tu vois qu'il est difficile de voyager dans de meilleures conditions.

Je suis allé ce matin chez les frères de l'établissement de Passy ; j'avais tant envie de revoir le vénérable frère *Henri*, que tu as connu dans ta jeunesse *aux grands chapeaux* de Bayeux et à qui je dois de savoir lire, écrire et compter. Dès qu'il a su que j'allais à Rome, il a voulu m'introduire chez son directeur, dans le salon duquel se trouvaient plusieurs notabilités, et entr'autres Mgr Tasché, évêque de la Rivière-Rouge ou Saint-Boniface, qui se rend au concile. Malheureusement, cet aimable prélat, fatigué de sa longue traversée sur l'Atlantique, a choisi la voie de terre pour aller à Rome; de sorte que je ne pourrai point voyager sous l'ombre protectrice de ce bon évêque canadien. Mais en échange, j'ai eu le bonheur d'assister à sa messe, chantée en musique par les 750 élèves de l'établissement. Quelles voix harmonieuses! Quel chant admirable! Jamais orgue ni organiste ne m'avaient fait un semblable plaisir! Le tout a été suivi d'une allocution de ce saint évêque, qui paraissait radieux en racontant à son jeune auditoire les merveilleux succès de sa mission. Sa parole était entrainante, pleine de cœur, d'âme et de feu. Je ne suis plus étonné qu'après le passage de ces bons et héroïques missionnaires dans nos établissements français, les vocations pour la propagation de la foi se multiplient aussi merveilleusement chez les frères et dans les séminaires.

Après déjeuner, M. Vannetelle et moi nous sommes allés au ministère des affaires étrangères, à la nonciature, à l'ambassade italienne faire viser le passe-port que m'avait délivré le préfet du Calvados; car il n'est pas possible d'entrer dans les Etats du saint Père sans cela; et, quoiqu'on en puisse dire, le pape a raison de se tenir sur ses gardes; on l'a tant de fois soutenu d'une main et soufsleté de l'autre! Je me suis fait ensuite un devoir d'aller rendre visite à M. de Cambis, ancien supérieur du grand-séminaire de Bayeux, actuellement premier vicaire de Saint-Sulpice, qui a beaucoup regretté pour moi que ma visite n'ait pas eu lieu un jour plus tôt, car il m'aurait donné, pour compagnon de voyage, le curé de Villers-sur-Mer, son ancien élève comme moi, parti de la veille avec sa sœur pour aller également à Rome.

Je te quitte; dans quelques minutes le train express pour Lyon va partir, et puis voilà tout près de moi un ecclésiastique à l'air on ne peut plus vénérable, qui vient de manquer le train de Marseille et qui, fort embarrassé au milieu de ses énormes bagages, paraît désirer me parler.

Toi, ta femme et tes filles, je vous embrasse bien tendrement. Adieu.

4ᵉ Lettre.

Lyon, vendredi 19 novembre 1869.

Mon cher Edouard,

J'espère que je suis fidèle à ma promesse et que, pour le débit des timbres-poste, je vais, si cela continue, devenir l'une des meilleures pratiques du gouvernement.

Ce n'est pas en gare que je t'écris aujourd'hui, mais c'est chez M. et Mᵐᵉ Petit-Jean Visconte, neveu et nièce des bons Vannetelle, qui ont eu l'obligeance de me consacrer leur journée et de me conduire dans les endroits les plus remarquables de la grande et industrielle ville de Lyon. C'est pendant que l'on prépare le dîner que je recueille tous mes souvenirs depuis hier au soir pour te les envoyer et en amuser mes nièces.

Ce vénérable ecclésiastique, dont je te parlais hier, avait en effet, de dix minutes manqué le train de Marseille. Je lui fis comprendre qu'à son arrivée à Lyon, il retrouverait un train qui le conduirait à son but, avec quelques heures seulement de retard. Il me fit l'honneur de me répondre que ma compagnie le dédommagerait amplement de ce petit inconvénient. Mais au moment de monter en wagon avec lui, je crus m'apercevoir qu'il portait un gros anneau au doigt et qu'un bout de croix d'or suspendue par un cordon vert sortait de sa pauvre ceinture jaunie et passablement éraillée. Jusqu'ici, je l'avais appelé *monsieur l'abbé*, sans plus de cérémonie ; aussi m'empressais-je de réparer ma faute. « Mais vous êtes évêque, « Monseigneur, lui dis-je ? Hélas, oui, me répondit-il, « mais non comme vos honorables seigneurs de France ; je « ne suis qu'un pauvre évêque missionnaire dont le diocèse « est immense et le troupeau bien petit ! » « Monseigneur,

« repris-je à l'instant même, vous n'en êtes que mille fois
« plus vénérable à mes yeux. Oserais-je vous demander
« la permission de baiser votre anneau pastoral et de re-
« cevoir votre bénédiction, elle me portera bonheur, j'en
« ai le doux espoir. » Ce digne prélat s'exécuta de la
meilleure grâce du monde, tout en paraissant quelque peu
embarrassé de se voir obligé de remplir en pleine gare la
fonction d'évêque. Nous montons ensemble en wagon, et
sur une question que je lui adressai, il me répondit en toute
simplicité : « Je suis Français et de Grenoble ; il y a déjà
« bien des années que j'ai quitté mon pays, que je revois
« pour la seconde fois avec un bien vif plaisir. Après avoir
« été longtemps missionnaire, je fus appelé à l'évêché de
« Natals, en Afrique, dans l'une des colonies anglaises,
« sur la côte de Mozambique. Plusieurs fois déjà, j'ai
« doublé le cap de Bonne-Espérance, parcouru deux fois
« l'Atlantique. C'est le 22 septembre dernier, que j'ai
« quitté mon diocèse pour me rendre à l'appel du Souve-
« rain-Pontife au concile de Rome. Je ne suis arrivé que
« ces jours derniers à Southampton, d'où je suis revenu
« à Paris. A mon retour du concile, j'espère revoir mon
« pays et embrasser une dernière fois ce qui me reste de
« parents, d'amis et d'anciens condisciples. »

Ah ! cher Edouard, quelle délicieuse nuit pour moi passée en tête à tête avec ce vénérable évêque de Natals,
Mgr Allart, car c'est son nom, comme j'écoutais avec une
respectueuse attention tout ce qu'il me racontait sur les
mœurs, les habitudes et les aptitudes de ses sauvages
diocésains, sur ces généreux frères et héroïques sœurs de
charité venus de France pour le seconder et apprendre à
ce pauvre peuple la religion, le travail et la civilisation
européens ! Que de détails intéressants il me donna sur
l'administration intérieure de son pays et sur l'influence
que les Anglais exercent au milieu de ces peuplades de
l'Afrique, au détriment des juges et des chefs naturels de
chaque tribu. Ce saint évêque m'a si vivement intéressé,
que jamais nuit blanche ne me parut aussi courte. Nous
nous sommes quittés, lui tout plein de bienveillance pour
moi, et moi rempli de la plus profonde vénération pour
lui, et avec la mutuelle espérance de nous revoir sur le
Pausilippe et à Rome.

Cette agréable rencontre et cette non moins agréable conversation ne m'ont pas empêché de jeter un coup d'œil sur cette fertile et admirable partie de la France que nous traversions. A la faveur d'un superbe clair de lune, nous avons aperçu Melun, Fontainebleau, Montereau, Sens, Tonnerre, les deux Nuits, Plombières, Dijon, Châlons, Mâcon et beaucoup d'autres villes dont le nom m'échappe et dont je ne puis te rien dire, par la raison que je ne m'y suis point arrêté.

En arrivant à Lyon, à sept heures du matin, j'ai été on ne peut plus impressionné à la vue de la grande et délicieuse place que l'on a devant soi au sortir du débarcadère Perrache, précédée de ce charmant *escalier-jardin* par où l'on arrive sur le cours Napoléon.

C'est au milieu que s'élève la belle statue équestre de l'Empereur, qui semble comprimer d'une main les émotions et les sentiments dont son cœur est animé en faveur de la grande ville de Lyon, qu'il montre de l'autre. Pareille impression m'a fait éprouver la spacieuse et coquette place *Bellecour*, si bien nommée. C'est sur cette place que j'apprends que la famille *Laboré*, à qui l'on m'avait recommandé, était déjà en route pour l'Italie. Mais la Providence me réservait d'autres compagnons de voyage, auxquels j'étais loin de penser.

Après avoir remis un peu d'ordre dans ma toilette, ma première visite fut pour Notre-Dame de Fourvières, pèlerinage non moins célèbre que celui de Bon-Secours. Mais que d'escaliers, que de circuits, ! quelle laborieuse ascension pour y parvenir! Ici, de charmants oratoires ; là, de merveilleuses grottes, où la peinture retrace aux yeux du pèlerin quelques traits de la vie de notre bonne mère ; de place en place, quelques bancs de gazon pour se reposer, ou quelques stations de chemin de croix pour y prier, la chapelle, très ordinaire, et qui n'a de remarquable que la magnifique statue de la Vierge, dont elle est surmontée, était assiégée d'une foule de pèlerins, à travers laquelle il m'a été assez difficile de pénétrer pour y faire moi-même mes dévotions. C'est du haut de Notre-Dame de Fourvières que nous avons pu contempler un magnifique panorama qui s'étend jusqu'au mont Blanc.

Cette première visite à Notre-Dame de Lyon m'a valu la plus heureuse et la plus inattendue des rencontres, celle de deux excellents compagnons de voyage, dont l'un, l'abbé Rohée, curé de Villers-sur-Mer, du diocèse de Bayeux, celui-là même dont me parlait hier M. de Cambis, de Saint-Sulpice ; nous nous sommes donné rendez-vous pour ce soir, à la gare ; nous partirons à onze heures. L'après-midi a été consacrée à la visite des places, des monuments et des principales églises de cette grande cité, la deuxième de France par son importance et son industrie, et la première par sa piété.

Les rues de Lyon sont assez singulièrement pavées, c'est pour faciliter la marche des chevaux, cause de la configuration mouvementée de la ville ; le Rhône et la Saône en emprisonnent une notable partie ; l'église Saint-Jean, sa cathédrale, est d'une désolante obscurité et d'une architecture passablement originale : l'horloge assez curieuse que l'on remarque dans une chapelle latérale, et qui ne marche que le jour de Pâques, est unique dans son genre, puisqu'après l'avoir exécutée, l'inventeur eut les yeux crevés, afin de le mettre dans l'impuissance d'en recommencer une autre. Saint-Nisier ressemble un peu dans l'intérieur, à Saint-Pierre de Caen et Saint-Polycarpe à la Gloriette.

Je termine ici, car on appelle pour le dîner. Cette lettre t'arrivera demain, à l'heure même où je saluerai avec bonheur Notre-Dame-de-la-Garde, à Marseille.

Je vous embrasse tous les quatre.

5ᵉ Lettre.

Marseille, lundi 22 novembre 1869.

Mon cher Edouard,

Me voilà depuis deux jours et deux nuits l'habitant de l'antique et populeuse ville de Marseille. Nous y sommes arrivés samedi matin, au moment où le soleil se levait chaud et radieux, comme aux plus beaux jours d'été de notre Normandie. La nuit s'était gaîment passée, dans la franche et cordiale intimité de ces deux aimables compagnons, rencontrés à Notre-Dame de Fourvières. Comme sur la route de Paris à Lyon, nous avons été favorisés pendant la nuit entière, d'un magnifique clair de lune, qui nous a permis de lire au moins les noms et de nous rendre compte de l'aspect des villes de Vienne, de Valence, d'Orange, d'Avignon, de Tarascon et d'Arles. Ne pouvant nous arrêter dans aucune de ces localités, nous nous en dédommagions en nous racontant les uns aux autres ce que nous savions sur les monuments, les grands faits historiques et sur les célèbres et saints personnages qui avaient illustré chacune de ces importantes cités. C'est ainsi qu'en passant à Arles, nous nous rappelâmes que cette ville était appelée par les voyageurs, *le Portique français de l'Italie*, à cause des monuments antiques et des ruines curieuses qui feraient la gloire et l'ornement d'un des quartiers de Rome elle-même. C'est tout près d'Arles que, par suite d'un grave accident arrivé à la locomotive, le train tout entier est resté en détresse et nous a retardé d'une heure au moins. Avant d'arriver à Marseille, nous avons traversé la chaîne rocheuse de l'*Estaque*, dans laquelle s'ouvre le tunnel de la *Nerthe*, la grande curiosité de la route. Ce tunnel a 4,628 mètres de longueur, c'est-à-dire 500 mètres de plus que le souterrain de Blaizy, que nous parcourions la nuit précédente avant d'arriver à Dijon. Les dépenses de ce magnifique travail se sont élevées, dit-on, à plus de 10 millions de francs.

La vue de la Méditerranée, l'admirable situation de Marseille ; son port, que nous entrevîmes avec sa forêt de mâts et de vergues, le nouveau port de la Joliette qui s'y rattache, la haute montagne, le fort et la chapelle de Notre-Dame-de-la-Garde, surmontée de sa colossale statue, qui domine et protège la mer, la ville entière et son immense horizon; ce beau soleil du midi, qui semblait nous faire fête en illuminant de ses doux rayons le tableau grandiose et féerique que nous avions sous les yeux ; tout cela nous fit promptement oublier nos laborieuses courses du jour précédent dans la cité lyonnaise et les deux nuits blanches passées en wagon. De la vaste esplanade où a été construit l'embarcadère de Marseille, nous montons dans l'omnibus de l'*Hôtel de Bordeaux*. Quelques minutes après, confortablement installés dans nos chambres, mes deux compagnons et moi, nonobstant la faim, la fatigue et l'heure un peu avancée, nous nous décidons à faire le rude pèlerinage de Notre-Dame-de-la-Garde, pour y dire la messe et mettre notre voyage sous la protection *de la bonne Mère*, ainsi que l'appellent les Marseillais.

Comme à Lyon, nous avions une longue et bien pénible ascension à faire pour arriver à cette chapelle vénérée ; mais la moitié seulement de cette route fatigante est bordée de stations, de grottes, d'oratoires et de marchands d'images ; l'autre moitié est encore à l'état primitif, couverte de cailloux roulants et de quartiers de rochers qui en rendent le parcours grandement méritoire. La chapelle, nouvellement bâtie près de l'ancienne, est à l'intérieur comme à l'extérieur d'une architecture remarquable. Le pavé du sanctuaire, les vitraux et les nombreux *ex-voto* ne manquent pas d'exciter la curiosité du voyageur ; mais nous n'étions que des pèlerins bien fatigués et désireux seulement d'obtenir les bonnes grâces de l'*Etoile* de cette mer que nous allions bientôt parcourir. Aussi notre messe dite, notre action de grâces et nos dévotions faites, nos noms, prénoms et qualités inscrits sur les registres de la sacristie, où vingt-cinq prêtres, évêques et archevêques, venus de toutes les latitudes, avaient signé quelques instants avant nous, tous les trois nous nous empressâmes de retourner à l'hôtel faire honneur au déjeuner qui nous y attendait. Je ne pus m'empêcher, en revenant de ce pèlerinage, de songer à Notre-Dame-de-Grâce et à ses sites admirables devant lesquels j'ai passé de si délicieux moments ; à Notre-Dame-de-Bon-Secours, au port de Rouen, à ses usines, à ses églises, à ces immenses plaines devant lesquelles nous nous sommes, toi et moi, si souvent extasiés ; et je me disais à part moi : si les habitants d'Honfleur et les Rouennais sont si fiers de leur ville, les habitants de la Provence sont très excusables d'affirmer sans rire que : *si Paris possédait uné Cannébière, cé sérait uné pétité Marseille!* Quel admirable panorama nous avions en effet sous les yeux et que nous eussions été bien inspirés de nous pourvoir de notre déjeuner pour le consommer sur place, sous ce beau soleil, devant ce magique tableau, plutôt que de l'aller chercher si péniblement et de le faire servir dans la prosaïque salle à manger de l'hôtel.

Après déjeuner, nous allâmes déposer nos passe-ports au bureau des Messageries impériales, arrêter et payer nos places sur le *Pausilippe*. C'est à Civita-Vecchia que l'on nous rendra nos papiers. De là, nous sommes partis chacun de notre côté. J'avais à rendre visite à un ami de M. Mabire, qui m'avait rendu un petit service. Je profitai de ma liberté pour visiter les principales promenades de Marseille : le cours Napoléon, le Prado, le monument élevé sur le cours Belzunce, à la mémoire de ce courageux évêque dont l'admirable dévoûment pendant la peste, est artistement retracé en bas-relief sur les quatre pans du socle ; le port avec ses innombrables bateaux, ses magasins de toutes sortes, l'encombrement inimaginable de ses quais, ses marins, ses milliers de portefaix, ses camions et ses roulages si coquettement attelés, les conversations bruyantes et la prodigieuse activité de ses habitants ; tout cela ne peut te donner qu'une très faible idée de ce qu'est cette grande et commerçante ville de Marseille, appelée par sa situation et le percement de tous les isthmes présents et à venir, à conquérir la première place parmi les plus importantes cités de l'Europe et du monde entier.

C'est en remontant du port vers la Cannebière que nous fûmes assaillis par un épouvantable ouragan, que l'on appelle le *Mistral*. Tu n'aurais pu t'empêcher de rire en voyant le cas qu'il faisait de nos larges chapeaux et des plus lourds jupons des dames qui devenaient pour quelques-unes d'elles de véritables coiffures, nous étions littéralement aveuglés de sable et de poussière et il fallait à tout instant nous garer des tuiles et des branches d'arbres qui tourbillonnaient dans l'air.

Vers la fin de notre dîner en pleine table d'hôte, au milieu d'une très intéressante conversation entre deux évêques américains, un prêtre missionnaire d'Haïti et nous, l'un de nos compagnons se mit tout-à-coup à ronfler aussi bruyamment qu'un soufflet de forge. Cette petite aventure, qui nous égaya beaucoup et morfondit l'infortuné coupable, nous rappela que depuis le jeudi matin nous étions sans sommeil et sans repos ; aussi, d'un commun accord et dans la crainte d'en perdre l'habitude nous fûmes dormir, et le *Mistral*, malgré sa longue et rageuse fureur, ne sut point nous réveiller.

C'est à l'église de la mission que nous sommes allés dire la messe hier dimanche. L'église, remarquable par ses marbres merveilleusement fouillés, était comble et la sacristie remplie d'hommes distingués et bien mis, qui saisissaient avec empressement l'occasion de servir la messe à tous les prêtres étrangers. Ce qui me fait te raconter ceci, c'est qu'après avoir dit la mienne, j'offris 15 centimes à mon répondant (un décoré, s'il te plaît), et le sacristain arrive à l'instant même pour me faire observer que ce monsieur, mille fois plus riche que moi, remplissait ces fonctions pour Dieu et n'attendait son salaire qu'au ciel.

Nous assistâmes ensuite à la grand'messe du chapitre dans une ancienne église qui sert de cathédrale provisoire et dont la vétusté et le délabrement sont dissimulés par de fraîches et riches tentures. La sonnerie des églises est tout-à-fait différente de la nôtre. A l'heure des offices, c'est un carillon perpétuel, assourdissant et fort original, les cloches sont plantées et fixées la tête en bas et complètement immobiles ; le battant seul est en mouvement et fait toute la besogne.

Entre la messe et les vêpres nous fîmes une promenade sur le port de la Joliette, et une visite minutieuse et très intéressante à bord du *Pausilippe* qui doit nous emporter à Civita. Le temps s'est remis au beau ; le vent est tombé et la mer est plus calme ; tout nous fait espérer que la traversée sera bonne. Le dôme de la nouvelle cathédrale que nous aperçûmes du port attira nos pas de ce côté. Cette importante et récente construction est l'un des plus considérables, des plus solides et des plus admirables monuments romano-bysantins que j'aie jamais vus. Nous sommes restés près d'une heure en contemplation devant ce gigantesque travail qui devra résister aux siècles et aux vents du sud-ouest soufflant en tempête quatre mois de l'année.

Plusieurs autres églises, que nous visitâmes, ne nous firent qu'un médiocre plaisir. Généralement les églises de Marseille sont plutôt intéressantes par le concours et la piété des fidèles que par leur propreté et leur architecture ; j'en excepte pourtant celle de la Mission, celle de Saint-Michel. que nous visitions ce matin et qui m'a si agréablement rappelé les belles églises ogivales nouvellement construites dans notre Normandie, celle de Saint-Victor, dans laquelle on conserve la chapelle et la pierre vénérable qui servirent à Saint-Lazare (le célèbre ressuscité du Sauveur) pour y offrir le saint-sacrifice. J'en excepte encore l'antique et curieux temple de Diane, qui devînt plus tard la première cathédrale de Marseille.

A nos deux compagnons vient de s'en adjoindre un troisième, l'abbé Ribaud, prêtre breton, depuis quelques années missionnaire à Haïti, où il a laissé sa pauvre santé ; il vient à Rome y séjourner quelques mois espérant en retrouver une meilleure ; sa grande habitude des voyages de longs cours nous sera peut-être utile à nous, qui n'avons jamais *passé l'eau* comme disent nos paysans.

Voila, cher Edouard, tout ce que je puis te dire sur Marseille, où nous nous sommes bien reposés et que nous avons visitée dans ses plus beaux comme dans ses plus sales quartiers. Samedi nous l'avons vue à son *tout-le-jour* et dans la fièvreuse activité de son travail. Hier, nous avons revu sa population *toute endimanchée*, encombrant ses églises, bruyante dans ses rues, chantant mais ne parlant point son langage, auquel nous ne comprenions pas un traître mot, courant et ne marchant pas, en un mot d'une pétulance qui nous étonnait, nous placides normands, et provoquait à tout instant nos sourires. Un interminable convoi de galériens, qu'on allait embarquer pour Cayenne, nous a fourni l'occasion d'apprécier le genre braillard de la population marseillaise, poursuivant de ses *pieds-de-nez* et de ses quolibets cet ignoble convoi dont le cynisme, du reste, a éteint en nous tout sentiment de pitié.

Dans quelques heures nous allons entreprendre la partie la plus périlleuse de notre voyage ; on nous fait espérer qu'avec un temps comme celui d'aujourd'hui, nous serons à Rome mercredi prochain, à midi.

En vous embrassant tous les quatre, je vous demande un petit souvenir dans vos prières. — Adieu.

6ᵐᵉ Lettre

De l'île d'Elbe, à l'ancre dans Porto-Ferrajo, le 24 novembre 1869.

Mon cher Edouard,

C'était de Rome que je devais t'écrire, mais hélas ! que nous en sommes encore loin, et quand y arriverons nous? Dieu seul le sait. Enfin, il faut bien, surtout en mer, vouloir ce que l'on ne peut empêcher. Actuellement, nous sommes à l'ancre à Porto-Ferrajo, petit port de refuge dans l'île d'Elbe. L'équipage s'occupe à réparer la machine et les passagers leur pauvre estomac : chacun se raconte ses terreurs pendant les deux nuits précédentes et la terrible journée d'hier mardi. Je désirais savoir le train qu'on mène à bord et l'air qu'il y fait, mais, sois tranquille, ma curiosité est surabondamment satisfaite ! !.

Comme tu le sais déjà, nous nous embarquâmes lundi l'après-midi ; quelques minutes après nous quittions le port, adressions un salut profond et une bien fervente prière à Notre-Dame-de-la-Garde pour qu'elle ne nous perdit pas de vue. La nuit ne tarda pas à venir et fit disparaître les côtes dans son ombre. Avec mes amis et notre bon évêque de Natals, que nous avions revu dès l'après-midi, appuyés sur le bastingage, nous causions comme de vrais séminaristes en promenade et ne pouvions nous lasser de contempler la mer et de compter les feux qui nous apparaissaient au loin. Le ciel était admirablement étoilé du côté de l'Italie, vers laquelle nous emportait un vent aussi vif et aussi impétueux que nos désirs. Quelle agréable soirée nous passâmes sur le pont et dans le salon du paquebot, au milieu de vingt-neuf évêques, archevêques, patriarches dont deux cardinaux, ceux de Besançon et de Tolède, entourés de cinquante prêtres et d'au moins cent cinquante passagers. Nous nous persuadions, dans notre naïf orgueil, que le ciel avait grand intérêt à protéger notre pèlerinage et que les vents et la mer respecteraient par leur calme la haute dignité de ces princes de l'Eglise.

Quelle illusion, grand Dieu ! et que notre désenchantement fut affreux ! !.

Le mardi, à une heure du matin, le ciel se couvre, les étoiles disparaissent, le vent devient épouvantable, les vagues s'enflent, s'avancent et se brisent, formant de ces crêtes d'écume qu'on appelle *moutons;* le paquebot aussi grand et aussi vaste qu'une cathédrale, danse néanmoins et pirouette sur les lames avec presque autant de légèreté qu'une écale de noix. Avec le vent qui souffle en tempête une pluie torrentielle nous inonde et les vagues nous submergent. Tout le monde quitte alors le pont, le salon, et va se refugier dans sa cabine et se coucher dans son étroit tiroir, espérant trouver dans la position horizontale quelque soulagement à son émotion et à cet indéfinissable malaise qu'on appelle le mal de mer, et qui commençait à envahir la plupart des passagers. L'odeur écœurante et fade exhalée par l'intérieur du navire rendit bientôt le mal général, et, depuis le plus vaillant jusqu'au plus timide, pas un ne put dissimuler plus longtemps ses nausées, ni comprimer ses violents efforts.

Cependant notre pauvre bateau gémit et semble craquer de tous côtés, nous berne affreusement de droite, de gauche, de haut et de bas, s'élève jusqu'aux nues et s'enfonce lourdement jusqu'au fond des abîmes, les garçons de salles, mis tous en réquisition, perdent l'équilibre en courant auprès des plus impatients et des plus criards. Au reste tout le monde est horriblement malade, les plus vaillants ont des mines de déterrés et tous nos évêques ainsi que nos cardinaux sont aussi désagréablement éprouvés que les plus simples mortels.

Quand arriva l'heure du déjeuner et du dîner, pas un des passagers n'eût le courage de se lever, les seuls qui y prirent part furent les officiers du bord dont l'estomac et le robuste appétit sont indépendants des variations du temps et des caprices de la mer; mais rien ne restait debout sur les tables, malgré les coulisseaux et tous les appareils usités en pareilles circonstances. Le bruit des plats et des assiettes, le cliquetis des verres et des bouteilles s'harmonisaient d'une épouvantable manière avec la furie des vagues qui venaient se briser sur les flancs du navire et ressemblaient à de vrais coups de canon : si je joins à tout cela l'arôme de tous les mets servis presque sous notre nez et cette forte et grasse odeur de cuisine, si désagréable aux cœurs malades, tu comprendras la recrudescence de notre malaise.

La soirée et la nuit furent affreuses, nous sentîmes vers minuit un mouvement de recul assez long, on manœuvrait pour se mettre à l'abri du vent sous le cap Corse, à la suite de la décision du commandant et de son état-major qui reconnaissaient l'impossibilité de tenir la haute-mer. Nous y restâmes quelques heures, après quoi le bateau reprit sa laborieuse traversée. Même vent, même pluie, mer toujours aussi furieuse ; à tout instant nous craignons d'être engloutis, ou, pour parler plus exactement, l'on ne songe plus à rien, pas même à prier, comme dans les premières heures de la traversée, tant le mal de mer nous abrutit.

Ce matin mercredi, à sept heures nous avons pu entrer à Ferrajo au milieu de l'île d'Elbe, trois paquebots et vingt-cinq navires de commerce s'y étaient déjà réfugiés dans la nuit. A peine les ancres sont elles en place, que le *Pausilippe* est devenu complètement immobile et tout le monde s'est trouvé guéri comme par enchantement. On se lève, on s'habille, on se rase, on ne craint plus de parler, de rire, de plaisanter sur les dangers et sur les scènes plus ou moins grotesques du jour et des nuits passés. Le déjeuner sonne et chacun dit, *présent*, avec empressement et bonheur. Un long jeûne nous a tous rendus silencieux, actifs et gourmands. A la fin du repas, on sert d'excellent café mais de *gloria*, point du tout. Un curé normand, mon voisin, me dit à l'oreille : « *Quel ennui d'avoir tous ces « évêques en face, et quel dommage de n'être point au « presbytère ! Comme nous rendrions ce café bienfai- « sant et généreux à nos pauvres estomacs !* » Pas de respect humain, lui répondis-je : « Ces bons évêques sont du « Nord, ils nous pardonneront cette faiblesse, garçon, pas- « sez le cognac ? » On nous en verse dans de microscopiques petits verres, que l'on nous fait payer 50 centimes. Et voilà que tous nos évêques d'en face s'écrient en nous voyant faire : « *Eh ! garçonne, garçonne !* puis montrant leurs tasses encore à moitié pleines de café, « *venir ici, venir « ici ? mais deux 50 centimes, deux 50 centimes ?* Leur exemple fut aussi contagieux qu'avait été le nôtre, car tous les convives ajoutèrent à leur moka les deux 50 centimes épiscopaux ; et, quand le garçon eut fait sa tournée et revint près de nous, nous crûmes qu'il était honnête et de toute justice de nous mettre à la même ration.

Après déjeuner, le commandant permet aux amateurs d'aller visiter l'île d'Elbe. Des barques arrivent, s'attroupent au bas de l'échelle du navire, chacun des bateliers nous supplie de choisir son petit canot avec toutes les gesticulations et les vociférations de la turbulence méridionale.

Je vais plier cette lettre et la confier au paquebot-poste qui dessert Porto-Ferrajo. Je te raconterai prochainement ce que j'ai vu d'intéressant dans cette île, que le séjour forcé de notre premier Empereur a rendue célèbre. Comme les vents sont toujours affreux et qu'il nous reste encore une périlleuse course à faire, en vous embrassant, je vous demande la même prière que précédemment.

Tout à vous et adieu.

7ᵉ Lettre.

Civita-Vecchia, 26 novembre 1869.

MON CHER EDOUARD,

Enfin, nous sommes à terre et grâce à Dieu, tous bien portants et bien vivants. Je sais maintenant ce qu'est la mer dans ses mauvais jours et je ne suis pas fâché de le savoir. Cela me rappelle ce vieux dicton d'un troupier : *C'est heureux d'aller à la guerre surtout quand on en revient.* Un paquebot des Messageries impériales part pour France, j'en profite pour t'envoyer de mes nouvelles.

Je te quittais avant-hier pour faire une excursion dans l'île d'Elbe ; quand nous y débarquâmes toute la population nous entoura, et nous inspecta comme si nous eussions été des bêtes curieuses. Là, les mendiants firent une grasse journée. Un bon prêtre à qui nous nous adressâmes en latin, voulut bien nous guider dans la visite que nous fîmes : 1° Aux deux églises qui se trouvent à Ferrajo, et dont la plus remarquable *Il duomo*, ressemble assez à celle de la Mission à Marseille ; 2° au musée Napoléon, où notre empereur actuel a réuni tous les objets appartenant à son oncle. Quelques jeunes gens plus intrépides que nous, s'engagèrent dans des chemins de traverse, pour aller jusqu'à la maison qu'habita l'impérial prisonnier, devenue la propriété de l'un des membres de la famille Bonaparte. Cette maison, nous dirent-ils, ressemble avec son parc et ses jardins, à toutes les seigneuriales demeures de nos campagnes. L'île d'Elbe, dans tous ses villages, compte environ 22,000 habitants. On y vend à très bon marché d'excellent vin et du tabac très apprécié des amateurs.

Trois heures après, nous rentrions à bord où nous attendait un très confortable dîner, servi dans le dernier goût et aussi luxueusement que dans l'un des premiers restaurants de Paris. La soirée a été charmante et la conversation des plus intéressantes avec un polonais et un prêtre portugais, qui nous ont mis à même de connaître dans ses plus minutieux détails la défiance et les errements du Portugal à l'endroit de Rome et du gouvernement papal. C'est eux qui nous apprirent que pas un évêque de ce royaume ne se trouverait au concile. Au salon, délicieuse musique, que nous fait entendre, sur l'harmonium, l'un des prélats irlandais qui nous avait si bravement absous le matin en sollicitant aussi deux 50 *centimes* dans son café. Après une excellente nuit, hier jeudi, à sept heures, nous levons les ancres et nous voguons à pleines voiles et à toute vapeur ; nous unissons nos prières à celles du bon curé qui nous avait si charitablement pilotés la veille et dont nous entendions au moment du départ sonner la messe. On ne parle que de Civita-Vecchia. Va-t-on, ou ne va-t-on pas y arriver aujourd'hui ? Prêtres, évêques, la plupart en habit bourgeois, hommes, femmes qui trouvent jusqu'en mer le moyen d'être voyantes, élégantes et parées, tout le monde est sur le pont, s'aguerrit au désagréable balancement des vagues, chacun cherche une distraction et un passe-temps ; les uns essayent d'aller en courant d'un bout à l'autre du pont sans tomber et des éclats de rire saluent l'insuccès des vaincus ; les autres jettent des morceaux de pain sur les vagues et des nuées de mauves disputent cette pâture improvisée aux nombreux marsouins qui suivent le paquebot, ceux-ci leur distribuent les gras et sales débris de la cuisine ; ceux-là discutent sérieusement les affaires de la politique et du concile. La dernière lettre de Mgr Dupanloup à ses prêtres, défraie les conversations de nos évêques.

Le bateau, poussé par un vent impétueux, marche avec une rapidité qui commence à nous effrayer. Vers trois heures d'après-midi entre *Monte-Cristo* et une autre île dont le nom m'échappe, la mer se fâche de nouveau et redevient furieuse. Malgré les prières et les vives instances des passagers de marque, le commandant refuse obstinément d'entrer à Civita que nous apercevions au loin, mais contre laquelle les flots se brisaient et blanchissaient en montant jusqu'aux nues. Et nous voilà condamnés à retourner bien loin sur nos pas pour relâcher *une troisième fois à Porte-Ercole*, où nous avons subi toute une longue nuit le plus fatigant et le plus écœurant des roulis. Peu de personnes ont fait honneur au dîner ; cependant la soirée s'est encore assez agréablement passée avec nos gais compagnons d'infortune qui disaient que c'était le diable qui, furieux du concile remuait le ciel et la mer pour empêcher les évêques d'arriver à Rome.

Ce matin vendredi, nous sommes sortis de *Porte-Ercole* l'un des larcins de Victor-Emmanuel au Saint-Père, et dont les habitants depuis la révolution sont devenus de vrais bandits qui ne vivent que d'épaves. Il était quatre heures, le soleil nous est apparu, illuminant de ses feux les villages, les bourgades et toutes les côtes de l'Etat de l'Eglise. Six heures après la plus délicieuse navigation, nous nous sommes trouvés en vue des deux tours qui commandent l'entrée de Civita-Vecchia et en les voyant si rapprochées, nous donnons grandement raison à notre commandant qui eût infailliblement brisé son bateau s'il eût tenté de les franchir la veille. Un pauvre navire de commerce, dont nous rencontrâmes les débris, et dont l'équipage seul était sauvé, s'y était perdu la nuit même.

A peine sommes-nous entrés dans ce charmant petit port, encombré d'une multitude de bateaux de toutes nations, que les canons de la forteresse, beaucoup plus polis que les vents et la mer, saluent respectueusement les deux cardinaux que nous avions à bord. Les jetées sont envahies par une foule d'hommes, de femmes, d'enfants et de soldats français. De joyeux *vivats* se font entendre, depuis quarante-huit heures l'on nous croyait perdus !

Civita-Vecchia compte 7,600 habitants, son port creusé par l'empereur Trajan et sa forteresse commencée par Jules II et terminée par Paul III, ne sont pas sans importance. Deux grandes églises, la Cathédrale et une autre dont j'ignore le patron, ont beaucoup de rapport, nous a-t-on dit, avec celles que nous verrons à Rome. Une grande et belle caserne, deux ou trois beaux palais, sur la façade desquels sont suspendues les armoiries des légats ou des familles qui les habitent. Les rues et les promenades de cette petite ville, qui a conservé l'empreinte et le cachet des villages du moyen-âge, ne sont pas merveilleusement entretenues. La population m'a paru tout à fait primitive, le gouvernement, patriarcal. Il n'y a ni police ni tarif, la douane exploite comme elle veut ; mais en compensation chacun s'en tire comme il peut. Et je puis t'assurer que ce n'est pas en France que l'on nous eût laissé faire impunément nos petits tours.

Adieu, cher Edouard, pardon d'interrompre si brusquement, mais un militaire français et qui plus est un bon Normand, veut bien nous servir de guide jusqu'à trois heures, et nous nous empressons de profiter de son obligeance.

Je vous embrasse de tout cœur.

8ᵉ Lettre.

Rome, 29 novembre 1869.

MON CHER EDOUARD,

Voilà trois jours que je suis citoyen romain, vendredi au

soir, le 27 novembre 1869, à neuf heures, nous l'avons eue sous les yeux cette célèbre ville de Rome ! Nous avons pu fouler le sol de cette illustre, de cette fameuse, de cette sainte et si religieuse cité, qui depuis tant de siècles a rempli les livres des savants historiens, alimenté l'imagination des poètes et de tous les artistes, et donné au monde tant et de si saints personnages !

Mais reprenons d'un peu plus haut pour que mes lettres te puissent servir également de journal. A trois heures d'après-midi, nous montâmes en wagon à Civita-Vecchia. Mais, en voilà un chemin de fer primitif et tout-à-fait bonhomme, qui nous fit attendre jusqu'a quatre heures, pour donner à tous les voyageurs le temps d'arriver, absolument comme font les voitures de Caumont et de Juvigny et qui, lorsque pour ceci ou pour cela, quelqu'un désirait en route, s'arrêtait volontiers, et ne faisait entendre le sifflet de départ qu'après pleine et entière satisfaction du voyageur !

Nous traversâmes, sur les bords de la Méditerranée et dans la campagne aride de Rome neuf stations sans importance, et qui sont loin de ressembler aux nôtres. C'est à neuf heures que nous entrâmes dans le grand débarcadère de Rome pour n'en sortir qu'à dix, car les bagages ne se délivrent pas ici comme en France, et encore pour s'en rendre maître faut-il user d'expédients et d'un peu de finesse. C'est à l'hôtel de la Minerve que le fiacre conduisit nos bagages et nos personnes. Les rues sales, étroites et tortueuses que nous parcourûmes, nous impressionnèrent désagréablement d'abord, nous nous étions figuré tout autre chose ; mais cette première impression s'effaça bien vite devant les belles églises, les palais, les imposantes ruines, les admirables fontaines (notamment celle de Trévi, la plus somptueuse de Rome), les arcs-de-triomphe, les places et les obélisques que nous pûmes distinguer à la lueur du gaz et des lampes qui brûlaient devant les nombreuses madones des rues.

Nous avions passé cinq jours et quatre nuits sur une mer affreusement tourmentée ; tu comprends alors l'excellent souper que nous fîmes et le profond sommeil que nous goutâmes dans notre établissement provisoire ; mais ce que tu ne peux comprendre, c'est la joie que j'éprouvai en songeant le matin, que je me réveillais au milieu même de Rome, que j'y étais vraiment en corps et en âme, et que j'allais pouvoir durant quelques jours, visiter cette ville incomparable, aussi magnifique par son passé qu'admirable et grandiose dans son état présent.

C'est à l'église de la Minerve, notre plus proche voisine, que je me rendis pour célébrer la sainte messe. Quelle douce et sainte émotion je ressentis au milieu de cette sombre mais intéressante basilique, bâtie sur un temple payen, la seule église de Rome où l'on remarque l'ogive, avec des bas-côtés complétement modernisés, se mariant assez bien avec le gothique ornementé de la nef. Après la messe, nous nous occupâmes d'aller assurer nos logements au moyen des recommandations dont nous étions pourvus. Je devais prendre une chambre et une place au réfectoire chez les Maronites, à l'une des extrémités de Rome et non loin du Colysée, mais le supérieur ne voulant point me faire de prix et s'en rapportant à ma générosité, je crus plus prudent, tant à cause de cela qu'à cause de l'éloignement, de m'entendre avec le maître d'hôtel de la Minerve, qui m'offrit une chambre et sa table d'hôte pour 7 fr. par jour, ce que j'acceptai.

Mes compagnons, qui se croyaient pareillement fort bien recommandés, s'aperçurent comme moi que la meilleure et la plus sûre des recommandations, pour se trouver bien à Rome, c'est un peu d'italien dans son langage et beaucoup d'argent dans sa poche. Une fois que chacun de nous posséda *son chez soi*, nous nous réunîmes à trois pour aller visiter *Saint-Pierre*.

Nous parcourons quelques rues sales et populeuses, nous traversons la place Navone et le Tibre sur le pont Saint-Ange ; jetons un coup d'œil sur le fort, actuellement occupé et gardé par les zouaves pontificaux ; enfin nous arrivons, le cœur tout ému, au milieu de cette immense place sur laquelle, de génération en génération, des millions et des millions de chrétiens sont venus courber leurs fronts sous la bénédiction des papes. Un curieux obélisque s'élève au milieu, et deux fontaines merveilleuses jaillissent à ses côtés. La colonnade qui l'entoure est à quatre rangées de colonnes, formant trois allées ; dans celle du milieu peuvent passer deux voitures de front. On compte 281 colonnes et la balustrade qui les surmonte supporte 192 statues de saints de 12 pieds de hauteur. Entre les fontaines et l'obélisque est une pierre en marbre blanc ; en s'y plaçant, on ne voit plus qu'un seul rang de colonnes, au lieu de quatre. Nous montons, nous montons, et insensiblement l'immense dôme de Saint-Pierre disparaît devant la haute façade et le riche et magnifique portique de l'église, auquel cinq entrées donnent accès. C'est au milieu de cette façade et dans la galerie supérieure que se trouve la *loggia*, d'où le Souverain Pontife donne la bénédiction *orbi et urbi*.

Enfin, nous entrons dans la basilique de Saint-Pierre, cette grande, immense et incomparable magnificence de Rome, la plus vaste église du monde, et qui, à elle seule, vaut bien le voyage d'Italie. Nous marchâmes longtemps, mais très longtemps, je te l'assure, avant d'arriver aux pieds de la statue de bronze de saint Pierre assis contre le dernier pilier, près du transept, où je voyais des milliers de chrétiens qui, du bas de l'église, m'apparaissaient comme des nains, s'incliner et toucher respectueusement du front et des lèvres le pied du saint Apôtre. J'en fis autant, puis j'allai m'agenouiller à la *confession* de saint Pierre, où l'on conserve, nous a-t-on dit, la moitié de son corps et la moitié de celui de saint Paul. Cette *confession* est en même temps le maître-autel de la basilique ; il est placé sous la coupole, surmonté d'un riche baldaquin de bronze que soutiennent quatre colonnes torses de même métal et entouré d'une balustrade de marbre sur laquelle des lampes de cuivre doré brûlent jour et nuit, là sont aussi suspendues des formules de prières, imprimées à l'usage des nombreux pèlerins qui viennent s'y prosterner. Je n'ai pas besoin de te dire combien fut pleine de ferveur, de confiance et de foi la prière que je fis aux pieds des saints Apôtres, pour moi, pour ma famille, pour ma paroisse et pour tout ce que j'ai de plus cher au monde.

Bien que je sois resté cinq heures dans cette grande merveille du monde catholique, il ne m'a été possible que de jeter un coup d'œil rapide sur ses innombrables magnificences. Les guides, les ouvrages descriptifs t'en diront beaucoup plus que moi et me rappelleront toute ma vie chacun de ces chefs-d'œuvre qui m'ont tant émerveillé. L'or, l'argent, les pierreries précieuses, les marbres les plus rares, tout ce que la peinture, la sculpture, la mosaïque, l'orfèvrerie, tout ce que les beaux-arts enfin ont pu imaginer et exécuter de plus riche, de plus admirable et de plus grandiose se trouve réuni dans cette gigantesque basilique. Nous remarquâmes en sortant les deux bénitiers d'une grandeur extraordinaire : des anges en marbre blanc, qu'au premier abord l'on croirait de la taille de tout petits enfants, mais qui, en réalité, mesurent 7 pieds de hauteur, soutiennent deux coquilles de marbre jaune.

Hier dimanche, c'était grande fête à Saint-Pierre, les Quarante-Heures, qui ont toujours lieu le premier dimanche de l'Avent. Nous sommes allés y entendre la messe, célébrée par le cardinal-vicaire, et en présence du pape, qui se tenait au fond de l'abside de Saint-Pierre, entouré de tous les princes de l'Eglise, réunis déjà au nombre de plus de quatre cents pour le Concile. Il nous est donc enfin apparu le pape, avec sa blanche chape et son étincelante tiare. Nous l'avons vu, nous avons contemplé durant une heure et demie, cette belle et vénérable figure de Pie IX. Trois fois j'ai reçu sa paternelle et apostolique bénédiction. Pendant la messe, des chants délicieusement harmonisés se firent entendre ; une pompeuse procession défila sous nos yeux, le pape lui-même portait le Saint-Sacrement, précédé d'au moins cinq cents prélats revêtus de leurs insignes épiscopaux, et nous pûmes jusqu'à trois fois admirer la toute-puissante voix du saint Père, qui va se répandre jusque dans les plus petites chapelles de l'immense basilique. Il n'est pas besoin de te dire les douces émotions dont j'avais l'esprit et le cœur tout remplis, après avoir pour la première fois de ma vie, pu contempler à Rome même, dans tout leur éclat, dans toutes leurs splendeurs, les touchantes cérémonies du culte catholique. Ah ! oui, laisse-moi te le redire encore, c'est une des grandes émotions, c'est un des plus grands souvenirs de la vie d'un homme d'avoir pu, au milieu même de Saint-Pierre, d'avoir pu admirer la vivante image de notre sainte religion.

L'après-midi de ce premier dimanche, nous l'avons consacrée à la visite des deux Catacombes qui se trouvent sur la voie Appienne. Avant d'y arriver, nous rencontrâmes la petite église appelée : *Domine quò vadis?* Seigneur, où allez-vous? Cette petite église est bâtie à l'endroit même où, suivant une tradition aussi ancienne que touchante, saint Pierre fuyant la persécution de Néron, rencontra tout à coup le divin Sauveur. « Mais c'est vous, Seigneur, lui dit-il, et où donc allez-vous? *Domine quò vadis?* » Et Jésus lui répondit : « Je vais à Rome pour y être crucifié de nouveau. » Saint Pierre comprit ce reproche et rentra de suite dans Rome, où il ne tarda pas à subir son glorieux martyre. Cette petite église s'appelle encore *Sainte-Marie-des-Pieds* (*del piante*), parce qu'on y vénère une pierre faite sur le modèle de celle que le Sauveur foula aux pieds, quand il adressa à son apôtre le tendre reproche que je viens de rapporter.

La Catacombe de Saint-Calixte eut l'honneur de notre première visite. C'est la plus vaste et peut-être la plus importante de toutes celles qui entourent la ville de Rome. On y descend par un large escalier construit après Constantin, quand les fidèles purent aller visiter ces chapelles souterraines et vénérer les corps des martyrs. Nous rencontrâmes d'abord la crypte des papes, au fond de laquelle s'élève l'autel restauré par le pape Damase, qui y a fait graver une admirable épitaphe, que je regrette de ne pouvoir te transcrire. A gauche de cette chapelle un étroit couloir conduit à la chapelle Sainte-Cécile. Malheureusement le temps nous pressait, il fallait tout voir en courant. Cependant, je t'avoue que je n'ai pu pénétrer dans ces carrières ténébreuses, sanctifiées par les martyrs et les saints de la primitive Église, sans éprouver un indicible serrement de cœur et la plus profonde vénération. C'est par la basilique de Saint-Sébastien que nous entrâmes dans la catacombe qui porte ce nom; elle est beaucoup moins curieuse que celle de Saint-Calixte; les ossements des martyrs en ont été transportés dans les églises; il ne reste plus que les niches creusées dans les murs et ressemblant assez aux lits des cabines d'un navire. Les niches, recouvertes d'un arceau cintré, sont, dit-on, celles des papes. C'est dans la catacombe de Saint-Sébastien que l'on conserva, pendant plusieurs années, les corps de saint Pierre et de saint Paul. En remontant l'escalier, nous arrivâmes à l'abside de l'eglise dans laquelle nous rentrâmes pour y jeter un coup d'œil. C'est une des sept principales basiliques de Rome, bâtie sur le cimetière de Saint-Calixte, dans lequel la bienheureuse Lucine ensevelit le corps de saint Sébastien. A l'intérieur elle n'a qu'une seule nef et huit chapelles ; l'une d'elles possède un riche reliquaire, où l'on vénère entre autres la pierre de la voie Appienne, dont je t'ai parlé plus haut, qui conserve l'empreinte des pieds du Sauveur quand il se montra à l'apôtre saint Pierre, une flèche qui demeura fixée dans le corps de saint Sébastien et la colonne à laquelle ce saint fut attaché.

De la voie Appienne, le fiacre nous conduisit à la basilique de Saint-Paul, hors les murs, par des petits chemins qui ne font point honneur aux agents-voyers du pape, et qui n'ont d'agréable que les charmants oratoires, les cloîtres, les ruines et les madones dont ils sont délicieusement bordés. On arrive à cette basilique insigne, par la porte d'Ostie ; après avoir traversé deux salles, dans la première desquelles on remarque d'énormes fragments de mosaïque échappés à l'incendie qui dévora l'ancienne basilique ostienne en 1823, on pénètre dans cette nouvelle église de Saint-Paul par le transept droit ; cinq nefs en divisent l'intérieur par 80 colonnes de granit du Simplon, d'ordre corinthien. Au-dessus de l'entablement, dans la grande nef, sont les portraits en mosaïque de tous les papes. Comme à Saint-Pierre, se trouve contre l'autel papal la *confession* garnie de lampes qui brûlent jour et nuit ; la balustrade et le pavé sont du plus beau marbre qui se puisse rencontrer. Cette basilique est à la vérité riche, magnifique et imposante ; mais comme elle est solitaire dans cette campagne romaine, à l'air si désolé et d'où désertent les religieux eux-mêmes à cause de la *Malaria* qui y règne pendant une partie de l'année ; mais enfin, on a voulu perpétuer là, le grand souvenir qui se rattache au supplice de l'apôtre des nations, et cette idée est certainement respectable.

A notre rentrée à l'hôtel, nous rencontrons sur les places, devant une église et (chose bien étrange pour nous), devant des cafés ! des prédicateurs montés sur des estrades, entourés de foules nombreuses et recueillies, auxquelles ils font entendre les grandes vérités du salut. Ces sortes de prédications au milieu des rues ont toujours lieu ainsi, à ce qu'il paraît, pendant l'Avent et durant le saint temps du Carême.

Cher Edouard, cette lettre va te sembler longue et pourtant que de choses omises, et des plus intéressantes ; mais je n'en finirais pas s'il fallait tout relater ; et cependant ma matinée entière a été consacrée à recueillir mes souvenirs depuis trois jours !

Adieu et à bientôt.

9e Lettre.

Rome, mercredi 1er décembre 1869.

Mon cher Edouard,

Je commence par répondre à toutes les questions que tu me fais, en te remerciant de l'intérêt que tu prends à ma santé. Et d'abord, comme tu le sais peut-être déjà, je loge à l'hôtel de la Minerve, au troisième étage, dans une charmante petite chambre qui porte le n° 322. Un séminariste la trouverait luxueuse ; elle a cependant deux inconvénients sérieux : elle est perchée un peu haut et reçoit de la cuisine et *autres lieux* des odeurs désagréables.

Tous les soirs je mange à table d'hôte en compagnie d'au moins trois cents convives de toutes nations, parmi lesquels quinze à vingt évêques, vingt-cinq à trente prêtres ; c'est généralement la France, l'Angleterre et l'Amérique qui fournissent le reste ; les dames y sont en aussi grand nombre que les hommes. La nourriture tout-à-fait à la française y est excellente et très abondante. Tout le monde me paraît y faire grand honneur.

Je dis maintenant la messe à Saint-Louis-des-Français,

car on y en rencontre là plus qu'ailleurs. Nous nous réunissons à trois amis, toujours les mêmes et de cette façon, nous n'avons qu'un tiers de voiture à payer. Le soir, nous préparons à l'aide de nos livres-guides notre itinéraire du lendemain ; jusqu'à midi nous prenons un fiacre et un cocher qui sache baragouiner un peu de français ; vers midi, nous déjeunons chacun pour notre compte ; moi, je monte chez moi muni d'un morceau de jambon ou de fromage et d'un petit pain ; j'arrose le tout de deux verres d'eau et d'un petit 50 *centimes épiscopal*, et le meilleur appétit du monde fournit l'assaisonnement à ce frugal repas qui me permet de faire les longues excursions de l'après-midi et d'attendre patiemment le grand *gala* du soir.

Mais en voilà bien trop sur moi, revenons aux magnificences de Rome. Lundi, nous sommes allés visiter un grand nombre d'églises. D'abord, celle de Sainte-Marie-des-Monts, ornée d'excellents tableaux et où l'on visite avec respect la tombe de Benoit-Joseph Labre, du diocèse de Boulogne en France, lequel, bien que dans l'aisance se réduisit volontairement à la condition d'un pauvre mendiant sans asile et finit par mourir d'inanition, après une défaillance qui le prit devant la *Madonna de Monti*, où il priait si souvent et aux pieds de laquelle son corps repose aujourd'hui.

De là, nous montâmes à Sainte-Marie-Majeure, ainsi appelée parce que, entre toutes les églises de Rome dédiées à la Sainte-Vierge, elle est la plus importante. Un illustre patricien nommé Jean, voulant consacrer son riche patrimoine au Dieu qui le lui avait donné, vit en songe la reine du ciel, qui lui dit : « Vous me bâtirez une église « sur la colline de Rome, qui demain sera couverte de « neige. » C'était la nuit du 4 ou du 5 août, époque où les chaleurs sont excessives en Italie ; cependant le lendemain, le mont Esquilin se trouva effectivement couvert de neige, à la grande surprise des Romains. Le patricien Jean et le pape Libère virent là, le doigt de Dieu et l'on bâtit cette basilique appelée aussi pour cela : *Sainte-Marie-des-Neiges*. A ces deux noms s'en est joint un troisième, *Sainte-Marie-à-la-Crèche*, à cause de la crèche du Sauveur que l'on vient y vénérer. Une magnifique colonne d'ordre corinthien, portant sur son chapiteau la statue en bronze de la Sainte-Vierge, s'élève sur la place. Trois portes donnent accès à cette basilique qui a aussi au-dessus du portique une *loggia*, d'où le pape donne la bénédiction apostolique le 15 août. L'intérieur est d'un effet grandiose et monumental, composé de trois nefs divisées par 44 colonnes ioniques de marbre blanc qu'on croit tirées du temple de Junon Lucine. Une dame se trouvait avec nous quand nous visitâmes les admirables chapelles et les reliques insignes (notamment la crèche); mais il nous fut dit que les femmes, sous peine d'excommunication, ne pouvaient entrer dans la sacristie. Que l'on vienne donc affirmer, suivant le vieux dicton, que les dames sont toutes puissantes à Rome. Devant le grand-autel papal se trouve la *confession* de Saint-Mathias, construite par Pie IX. On dit que Sa Sainteté a choisi cet emplacement pour y reposer en paix après sa mort. Puisse la reine du ciel reculer encore bien loin de nous ce douloureux événement.

Non loin de Sainte-Marie-Majeure est l'église Sainte-Praxède, qui a trois nefs séparées par seize colonnes de granit. Elle nous parut assurément moins grandiose que Sainte-Marie-Majeure, mais elle possède en échange un trésor de reliques célèbres ; la colonne à laquelle fut attaché Notre-Seigneur-Jésus-Christ pendant la flagellation, trois épines de la Sainte-Couronne, la chaise, la mître et la mosette de saint Charles Borromée, la table sur laquelle il donnait à manger aux pauvres ; une éponge saturée du sang des martyrs recueillie par sainte Praxède, une longue table de marbre sur laquelle elle dormait ; au bas du milieu de la nef de cette église, se trouve un puits, entouré d'une grille, dans lequel sainte Praxède conservait les restes des martyrs et faisait couler le sang qu'elle avait recueilli dans des éponges ; c'est dans cette position et aussi pieusement occupée que l'artiste nous la représente en statue. Toutes ces reliques nous ont beaucoup plus touchés et intéressés que l'office canonial de Sainte-Marie-Majeure, à une partie duquel nous avions assisté quelques instants auparavant ; la tenue des officiers laissait tant à désirer ! ! Mais laissons cela, car je connais l'un des chanoines de cette grande basilique et d'ailleurs l'un de nos satyriques français, en a dit assez là-dessus en reprochant pareillement aux titulaires de nos grandes cathédrales :

A des chantres gagés le soin de louer Dieu.

Après sainte Praxède, visite à l'église de Sainte-Croix *en Jérusalem* : Cette basilique possède des reliques bien précieuses pour les chrétiens, mais il nous était impossible de les vénérer, ce n'était pas le jour ; nous n'avons pu qu'y lire et consigner l'inscription suivante :

« La terre du saint Calvaire de Jérusalem, déposée dans
« la partie inférieure de cet édifice, a été conservée ici, et
« de là, le nom de Sainte-Croix *en Jérusalem* donné à la
« chapelle. »

Au sortir de Sainte-Croix, l'importante basilique de Saint-Jean de Latran attira nos regards. Nous cotoyions alors les murs de Rome et comptions, avec peine, les brèches nombreuses que les canons de Garibaldi y ont faites il y a quelques années.

Plus nous approchions, mieux nous distinguions la façade de cette magnifique église de Saint-Jean de Latran, qu'illuminait un radieux soleil et qui nous apparut enfin avec ses quatre immenses colonnes, sa balustrade surmontée de la statue de Notre-Seigneur et percée de cinq arcades dans l'une desquelles est la *loggia*, d'où le pape donne la bénédiction apostolique le jour de l'Ascension. Cette basilique est considérée et intitulée comme la première de toutes les églises de Rome et du monde entier, par la raison que l'autorité du chef suprême de l'Eglise est attachée à la qualité de successeur de Saint-Pierre, vicaire de Jésus-Christ et *premier évêque de Rome.*

Or, à la grande église de Rome, c'est-à-dire à Saint-Pierre, le pape est Souverain-Pontife, mais à Saint-Jean de Latran, il est évêque de Rome.

Lorsque l'on pénètre à l'intérieur de cette imposante basilique, on est frappé de la magnificence et de la majesté de la grande nef, et si les détails répondaient à l'ensemble, Rome pourrait justement s'énorgueillir de sa cathédrale.

La chapelle Corsini que nous y avons visitée du haut en bas est un admirable bijou.

Dans cette jolie basilique, blâmée d'un grand nombre et vantée par quelques amateurs moins minutieux nous avons longtemps étudié les curieuses peintures, les statues et les nombreux bas-reliefs qui reproduisent les scènes de l'ancien et du nouveau testament et des faits historiques fort intéressants.

Depuis Henri IV, qui fit le don généreux de l'abbaye de Clérac en Bourgogne à cette insigne église, tous les rois de France en furent chanoines et possédèrent une stalle au chœur, à l'exception de Napoléon Ier et de Louis-Philippe, qui ne s'en soucièrent pas.

La statue équestre de Henri IV, au fond du portique latéral est un monument de la reconnaissance du chapitre. Tout près de cette basilique est le baptistère de Saint-Jean, bâti par Constantin, lorsqu'il reçut le baptême des mains de saint Sylvestre ; il est de forme octogone et huit colonnes de Porphyre soutiennent à l'intérieur une architrave antique. Des peintures à fresque y représentent la miraculeuse apparition de la croix dans le ciel, *in hoc signo vinces,* la déroute de Maxence, le triomphe de Constantin et un autre fait historique qui m'échappe.

Avant de rentrer dans l'intérieur de Rome, nous allâmes faire nos dévotions à la *Scala Sancta,* l'*escalier saint,* enlevé de la maison de Pilate à Jérusalem et que Notre-Seigneur monta et descendit quatre fois dans la matinée du jour de sa passion. Quand les ouvriers posèrent cet escalier, nous a-t-on dit, ils commencèrent par placer la marche supérieure, puis l'avant-dernière et ainsi de suite, de telle sorte que le premier degré d'en bas fut posé après tous les autres et que les ouvriers achevèrent leur travail sans avoir mis le pied sur l'escalier qu'ils érigeaient. La *Scala Sancta* se monte à genoux et de nombreuses indulgences sont attachées à cette dévotion ; quand on l'a gravie, on arrive au *sancta sanctorum,* l'ancien oratoire particulier des pontifes. Une inscription gravée sur l'architrave apprend au pèlerin quels riches trésors de reliques renferme cette chapelle, on y lit ceci : *Il n'est point de lieu plus saint que celui-ci dans le monde entier*. C'est là qu'on vénère la célèbre image du Sauveur, à l'âge de douze ans, commencée par Saint-Luc et, suivant la tradition, terminée par les anges. Au retour de la *Scala Sancta*, nous fûmes admirer le Colisée. Le Colisée, dont j'avais tant de fois entendu parler, cette vaste et gigantesque ruine, l'une des plus grandes merveilles de Rome et du monde entier. Les empereurs victorieux firent, comme tu le sais peut-être, bâtir cet immense monument pour les fêtes et les plaisirs des Romains par les esclaves provenant des peuples vaincus, et 12,000 de ces malheureux, dit-on, succombèrent à la peine. Plus de cent mille spectateurs pouvaient se réunir à l'aise dans son enceinte, pour assister aux luttes féroces des gladiateurs, des bêtes sauvages et à l'inondation de son arène quand avaient lieu les jeux et les combats nautiques. Mais, si l'on ne peut s'empêcher d'admirer *là* le génie, le solide savoir-faire et la toute-puissante ressource des empereurs romains, tout chrétien, lui, en entrant dans cet immense amphithéâtre, se sent le cœur tout ému et les larmes aux yeux en pensant aux innombrables martyrs qui l'arrosèrent de leur sang. Car, lorsque les empereurs n'eurent plus de prisonniers fournis par la victoire pour alimenter l'atroce activité du cirque et la féroce curiosité du peuple romain, ils y dévouèrent sans distinction de rang tous les confesseurs de l'Evangile. L'arène du Colisée fut, pendant près de trois cents ans, inondée, saturée du sang des martyrs que l'on y entassait pour y être broyés sous la dent des lions, ou déchirés par une meute de bêtes furieuses. Aussi cette arène, sanctifiée par le sang et l'héroïque courage des premiers chrétiens, est devenue un lieu de grande vénération. On vient y implorer la puissante intercession des martyrs, et chaque vendredi, à trois heures de relevée, de pieuses associations d'hommes et de femmes font l'exercice public du chemin de la croix devant les quatorze stations qui forment une couronne de chapelles au milieu même du cirque.

A notre retour, nous accompagnâmes un régiment de zouaves pontificaux, qui revenait de la promenade au bruit de ses vives et éclatantes fanfares. Une cinquantaine de ces héroïques enfants ne cessèrent de nous poursuivre de leurs regards sympathiques, ce qui nous fit supposer qu'ils étaient français. Une surprise fort agréable m'attendait à l'hôtel, M. Le Permentier, officier d'état-major attaché à l'ambassade de France et l'ami de M. de Boisdenemetz était venu pendant mon absence. Ne me trouvant pas, il me laissait un pli pour m'annoncer que le lendemain, Mme la marquise de Banneville m'attendait à son hôtel vers deux heures, et que lui-même serait heureux de me rendre quelques services en m'accompagnant et en me facilitant l'entrée de certains établissements curieux qu'il n'est pas possible de visiter sans permissions spéciales.

Je te passe sous silence notre dîner du soir à table d'hôte qui n'eût de remarquable que la bonne humeur et l'excellent appétit des trois cents convives et le consciencieux usage qu'ils en firent. Depuis vendredi 26 novembre, on est à Rome sans nouvelles de France. La voie de terre par le mont Cenis est obstruée d'avalanches ; un train de voyageurs s'y trouve emprisonné et le chef de ce train, dit le télégraphe, est fort embarrassé pour nourrir son monde. Cela, et mille autres nouvelles, se débitait lundi au soir au cabinet de lecture de l'hôtel : mais je n'ai pu tout saisir à cause de la confusion des langues. Aussi que de fois depuis quelques jours me suis-je impatienté contre ces audacieux entrepreneurs de la tour de Babel, qui nous ont valu cet insupportable châtiment. Hier mardi 30, à 9 heures, suivant notre économique habitude, nous nous sommes réunis tous les trois pour recommencer nos excursions.

C'est vers l'antique *Forum* que nous les avons dirigées. Nous descendîmes d'abord à la prison Mamertine, située au bas du Capitole ; elle se compose d'une partie haute et d'une partie basse. La partie haute ou prison Mamertine est une grande chambre quadrangulaire, toute de pierres grises non cimentées, éclairée par un soupirail ouvert dans l'église de *San-Pietro in carcere*, bâtie au-dessus. La partie basse appelée *Tullianum* de Servius Tullius qui la fit construire ou plutôt creuser, est un souterrain de forme elliptique et plus petit que la prison Mamertine.

Rien de plus horrible et de plus affreux que ce cachot sans portes, ni fenêtres, ni jour quelconque, dans lequel on ne pénétrait autrefois que par un trou circulaire percé au cintre de la voûte et tellement étroit qu'il n'y a guère que le passage suffisant pour le corps d'un homme. Sous les rois, la République et l'empire de Rome, ce lieu ténébreux, infect et terrible reçut un incalculable nombre de victimes qui, après avoir orné le triomphe du vainqueur, étaient ensuite trainées vers les gémonies, entraient par un pont suspendu dans la prison supérieure ou Mamertine, d'où l'on se hâtait de les descendre dans le *Tullianum*. C'est là qu'on les égorgeait pour les précipiter dans le Tibre. Que de douleurs, donc ont vu ces sombres murailles pendant dix siècles; et que le christianisme à son tour y a attaché de touchants souvenirs!!. Car tu sauras, cher Edouard, que le plus ancien monument de l'histoire romaine est aussi le plus ancien monument de la tradition chrétienne à Rome.

En effet, saint Pierre et saint Paul, après avoir été incarcérés dans le souterrain de Sainte-Marie *in ria lala*, furent amenés à la prison Mamertine, où ils restèrent détenus huit à neuf mois. Pendant qu'ils s'y trouvaient, deux geoliers Processus et Martinius, ainsi que quarante-sept autres prisonniers, s'y convertirent à l'Evangile. Comme l'eau manquait pour le baptême, Saint-Pierre fit miraculeusement jaillir une source que l'on montre encore aujourd'hui; elle est près de la colonne à laquelle l'apôtre était attaché. J'ai vu de mes yeux et touché de mes lèvres émues cette colonne vénérable; j'ai bu de l'eau de cette fontaine qui servit à la régénération de ces premiers néophytes, c'est ce que ne manquent jamais de faire tous les pèlerins catholiques avant de sortir de ce trou froid et humide, où l'eau suinte sans cesse, où le pavé est couvert d'une espèce de boue noire, de ce lieu enfin que l'on regarde avec raison comme l'une des plus tragiques curiosités de Rome. Du reste, pour te le faire mieux comprendre, en voici l'aspect et l'ensemble : au rez-de-chaussée d'une rue, dont je ne sais plus le nom, qu'il faut péniblement gravir, se trouve l'église Saint-Joseph, qui appartient à la confrérie des menuisiers; au-dessous de cette première église est celle de Saint-Pierre *in carcere*, où l'on conserve un crucifix miraculeux; au-dessous de cette seconde église, vient la prison Mamertine, avec un soupirail pour seule ouverture, avec son autel, sa colonne et sa fontaine miraculeuse;

puis enfin en dessous encore de cette prison Mamertine, le sombre cachot *Tullianum* avec ses horribles souvenirs !

De là, nous nous rendons à l'église appelée l'*Ara Cœli*, en jetant un coup d'œil rapide sur cet antique Forum que nous avions tout à fait en bas à notre gauche, avec ses colonnes et ses chapiteaux à demi brisés, ses marbres rompus et tous les souvenirs classiques qu'il nous remettait en tête. Après avoir péniblement monté, car la rampe était roide et le soleil très chaud, nous arrivâmes par un escalier de 124 marches à l'église de Sainte-Marie, *In Ara Cœli*, dont les trois grandes nefs sont divisées par 22 colonnes de granit égyptien. Nous admirons l'ensemble de cette vaste église et ses remarquables ambons, puis nous demandons la permission d'y vénérer l'image si connue de *Sanctissimo Bambino* (le petit enfant Jésus, naïvement appelé le *saint Bambin*). Un mot sur cette statuette célèbre, recouverte de soie blanche, ornée de perles et de pierreries précieuses offertes en *ex-voto*. Le jour de Noël, on l'expose dans une crèche couché sur la paille ; ses langes sont couverts de diamants. Cette exposition dure plusieurs jours pendant laquelle de jeunes enfants, montant sur une chaire placée devant la crèche, viennent fêter par leurs discours enfantins la naissance du petit Jésus. Le jour de l'Epiphanie, après une procession solennelle dans l'intérieur de l'église, on bénit le peuple du haut de l'escalier avec le *Sanctissimo Bambino*. Les personnes mourantes se font apporter à leur lit de douleur cette image vénérée : elle a une voiture qui lui appartient, et quand on la conduit en quelque endroit, le religieux laisse pendre par la portière un coin de son étole, et le peuple romain, en la voyant passer, ne manque jamais de se mettre à genoux.

Au sortir de la sacristie, au beau milieu d'un bras de transept, nous aperçûmes la chapelle circulaire de Sainte-Hélène, sur la frise de laquelle se lit l'inscription suivante : « Cette chapelle, appelée *Ara Cœli*, est, suivant
« la tradition, bâtie au lieu même où l'on croit que la Très-
« Sainte-Vierge Marie, tenant son fils entre ses bras, se fit
« voir à l'empereur Auguste dans le ciel. » Voici ce que l'histoire rapporte à ce sujet : L'empereur Auguste con-

sulte un jour la sybille de Tibur pour savoir s'il naîtrait dans la suite des âges un prince plus grand que lui. « Re-
« garde, lui dit-elle, vois-tu cette auréole qui se dessine
« sur le sombre azur? Vois-tu dans ce cercle d'or la douce
« image d'une vierge assise sur un autel et qui porte dans
« ses bras un petit enfant?... C'est le signe de l'avenir
« qu'un Dieu que tu ne connais pas te révèle. » Puis, agitée d'un dernier souffle prophétique, elle ajoute, en se dressant devant l'empereur : « Prosterne-toi, César, car
« cet enfant que tu as vu dans les cieux vient de toucher
« la terre, et son règne, qui commence dans l'obscurité,
« se lèvera bientôt sur le monde comme un soleil ! A ge-
« noux, Auguste, car tu vois là le véritable héritier des
« Césars, celui que les siècles futurs adoreront sans fin. »
Le lendemain, Auguste se rend au sénat, raconte la merveille dont il a été témoin, défend qu'on lui décerne le titre de Dieu, et fait ériger sur le Capitole un autel à l'Enfant-Dieu avec cette inscription : *Ara Cœli* ou *Primogeniti Dei*. Et c'est cet autel que nous avions en ce moment sous les yeux.

En quittant cette église, nous plongeâmes nos regards sur l'admirable place du Capitole, à l'entrée de laquelle, sur deux grands piédestaux, s'élèvent les statues de Castor et Pollux domptant leurs chevaux, et au milieu celle en bronze de Marc-Aurèle. Cette statue équestre, autrefois dorée, fut confiée par Paul III à Michel-Ange, qui la plaça sur ce piédestal de marbre dont il donna lui-même le dessin. Devant l'escalier-perron du palais des sénateurs, on voit trois statues antiques : celle de Minerve au milieu, et de chaque côté le Nil et le Tibre. La cloche qui se trouve dans la tour du Capitole ne sonne, dit-on, qu'à la mort du pape ou qu'à l'exaltation de son successeur.

En considération du bienheureux saint Clément qui, comme tu le sais, est notre patron de Juvigny, et aussi un peu en souvenir de ton archevêque de Rouen, qui est cardinal du titre de saint Clément, nous nous sommes empressés d'aller visiter et étudier l'instructive et curieuse église de ce saint pape. Cette basilique, bâtie sur l'ancienne basilique souterraine, qui vient d'être fouillée et complètement déblayée, est à trois nefs formées de seize colonnes antiques d'ordres et de marbres différents. Les deux nefs latérales sont d'inégales largeurs, parce que celle de droite n'a pas été directement élevée au-dessus de la nef souterraine. Je ne te parlerai ni de ses mosaïques anciennes, ni de ses intéressantes fresques racontant aux yeux tous les incidents de la vie de saint Clément, de sainte Catherine et de plusieurs autres saints ; il faudrait en faire autant à chaque église, et mon journal deviendrait un ennuyeux in-folio. Le chœur est entouré de balustrades de marbre : à droite et à gauche deux ambons également en marbre : le sanctuaire est séparé du chœur par des marches et une clôture ajourée ; le portrait de Mgr de Bonnechose, ton archevêque, est là comme un témoignage de reconnaissance de tout ce qu'il fait pour cette basilique dont il est, comme cardinal, le titulaire et le protecteur. Dans la basilique inférieure, nous avons pu suivre sur les murailles un cours d'histoire sur les premiers temps de l'Eglise ; les fouilles qu'on y a faites et qu'on y fait encore sont d'un intérêt majeur ; le célèbre savant qui les dirige croit y avoir découvert la maison même de saint Clément.

A notre retour, nous prîmes à côté de l'arc de Titus, la *via di S. Bonaventura*, elle nous conduisit à la modeste église de Saint-Bonaventure, qui conserve le corps et les reliques de saint Léonard de Port-Maurice, surnommé : « l'Apôtre du Chemin de la Croix. » Il repose aujourd'hui en chair et en os sous le maître-autel ; on dirait en vérité que le vénérable vieillard n'a pas encore rendu son âme à Dieu. C'est de cette impasse où s'élève l'église et le pauvre couvent qui la dessert que nous pûmes jouir de l'un de ces beaux et pittoresques aspects qui ne se rencontrent qu'à Rome, et qu'il nous fut facile d'entendre la sonnerie de toutes les églises, annonçant à la ville et à tous les étrangers le commencement de la neuvaine en l'honneur de la grande fête de l'Immaculée-Conception. Je quittai là mes compagnons, pour me rendre seul à l'ambassade de France, où j'étais attendu...

Il me souvient d'avoir lu quelque part qu'un opulent propriétaire, en chassant un locataire insolvable, lui disait d'un ton naïvement cruel : « Mon ami, quand on « n'a pas le moyen de payer son terme, il faut avoir une

« maison à soi. » Eh bien ! cher Edouard, il faut bien que la France, elle, ait le moyen de payer les siens, car c'est la famille Colonna qui, moyennant finances, loge à Rome notre ambassadeur. C'est triste de le dire, mais enfin c'est comme cela : à Rome, la France est en maison de loyer! Ce somptueux palais Colonna se trouve sur la place des Saints-Apôtres. D'un côté s'élève la majestueuse église du même nom, de l'autre et en face, une longue file de riches demeures que nous appellerions des hôtels à Paris, mais qu'à Rome on désigne sous le nom de *palais*. Au-dessus de toutes les portes-cochères de ces palais, sont accrochées les armoiries des familles princières qui les possèdent, absolument comme à la porte de nos huissiers et de nos tabellions français sont suspendues leurs symboliques enseignes.

M. Le Parmentier m'introduisit dans le salon de Mme de Banneville, devant laquelle je me présentai le moins gauchement possible. Au reste, son bienveillant accueil me mit promptement aussi à l'aise que je l'eusse été près de nos bonnes châtelaines de Saint-Vaast. Mme de Banneville est une de ces dames à qui les richesses et les grandeurs n'ont point fait perdre la tête : aussi simple que gracieuse, elle a le bon et rare esprit d'en prêter à ceux qui n'en ont guère. Après m'avoir fait lui raconter nos événements de mer, qui avaient fait sensation à Rome, elle s'informa de toutes les familles que nous connaissions l'un et l'autre, me donna une lettre de recommandation pour obtenir une audience du Saint-Père et m'invita, pour le jeudi suivant, à aller dîner à l'Ambassade, en compagnie de plusieurs notabilités ecclésiastiques et militaires, qui devaient s'y trouver. De là, M. Le Parmentier me fit visiter la galerie de tableaux de ce somptueux palais. Trois salons, ornés de précieuses tapisseries précèdent les salles consacrées à la peinture, dont je ne puis te rien dire, ma lettre ne finirait pas. Nous remarquâmes, dans ce musée Colonna, un boulet de canon qui, lors du siège de Rome, en 1849, s'introduisit par l'une des fenêtres et vint briser une marche de marbre de l'escalier conduisant à la salle supérieure du grand salon. Le boulet et les marches brisées sont restés là et tels que la Révolution les a mis.

J'avais pourtant bien envie de te faire part de ma deuxième visite à la grande église de Saint-Pierre, où je suis allé hier dans la fin de l'après-midi entendre chanter les II*es* vêpres de saint André ; je voudrais bien aussi te dire un mot de deux autres églises, dans lesquelles nous entrâmes à notre retour, et la physionomie de Rome quand arrive l'heure de l'*Angelus ;* mais nos excursions vont bientôt recommencer. Jeudi prochain, au soir, je t'en parlerai, et de mille autres choses non moins intéressantes.

A toi et aux tiens bien affectueusement.

P. S. — N'oublie pas que je demeure à la Minerve, et non chez les Maronites, où plusieurs lettres qui m'y étaient adressées ne me sont parvenues qu'aujourd'hui.

10e Lettre.

Rome, jeudi 2 décembre 1869.

Mon cher Édouard,

Je te poursuis de mes lettres : mais je crains tant d'être débordé et de perdre le souvenir de toutes les magnificences, de toutes les instructives curiosités qui nous arrêtent à chaque pas et qui nous frappent les yeux dès que nous les ouvrons. Il est fort tard, j'arrive de l'ambassade, où j'ai dîné aujourd'hui. C'est un honneur auquel j'étais loin de m'attendre, et dont je garderai longtemps souvenir et reconnaissance pour Mme d'Argenton, à qui je le dois. Mais ne nous embrouillons pas, et donnons un peu de suite au récit que j'interrompais hier matin.

A trois heures et demie, mardi 30, je retrouvais mes compagnons à Saint-Pierre, dont nous ne pouvons nous fatiguer et où nous nous étions donné rendez-vous. Nous pûmes voir un peu plus en détail quelques-uns des admirables chefs-d'œuvre que nous n'avions fait qu'effleurer le samedi précédent. Ce furent notamment les mosaïques et les nombreux tombeaux des papes qui fixèrent nos regards. Dans la chapelle du chapitre, tous les chanoines de Saint-

Pierre, réunis, assistaient aux vêpres de saint André, durant lesquelles un chant, plein d'une extraordinaire harmonie, mais bien différent de celui de nos églises françaises, était exécuté par un certain nombre de musiciens que l'orgue accompagnait sans cesse. Parmi les chantres, je distinguai des hommes de vingt-cinq à trente ans, qui chantaient néanmoins en fine voix, comme les tout petits enfants de chœur de nos maîtrises ; j'en fis la remarque, et l'on m'en donna l'explication ; mais il est inutile de la relater ici. Ce chant, très singulièrement harmonisé, nous étonna plutôt que de nous faire un réel plaisir. Cela tenait peut-être à ce que nos oreilles ne sont point accoutumées aux beautés ou aux fioritures de la musique italienne, et encore moins à la prononciation du latin. Et pourtant les voix que nous avions entendues le premier dimanche d'Avent, à la grand'messe de Saint-Pierre, nous allaient à l'âme. Nous les comprenions, celles-là ; c'était pareillement du plain-chant harmonisé, mais quel admirable plain-chant, et surtout quel ravissant motet à l'élévation !

En revenant, nous entrâmes dans l'église de Saint-André *delle fratte*, célèbre par la conversion miraculeuse de M. Alphonse de Ratisbonne. Un mot sur lui : Ce jeune homme était juif et appartenait à une famille distinguée de Strasbourg. Arrivé à Naples, pour poursuivre jusqu'en Orient un voyage de santé et de plaisir, il change tout à coup de résolution, et se rend à Rome. Le 20 janvier 1849, vers une heure, il se promenait dans la nef de cette modeste église ; son regard froid et indifférent semblait dire : « Cette église est bien laide! » Puis, quelques minutes après, on le découvre, agenouillé devant la chapelle de saint Michel, et tout inondé de larmes. Voici ce qui lui était arrivé, c'est lui-même qui parle : « J'étais depuis un
« instant dans cette église, lorsque tout à coup je me suis
« senti saisi d'un trouble inexprimable ; j'élevai les yeux,
« tout l'édifice avait disparu à mes regards ; une seule
« chapelle avait concentré toute la lumière, et au milieu
« de ce rayonnement m'est apparue, sur l'autel, grande,
« brillante, pleine de majesté et de douceur, la Vierge
« Marie, telle qu'elle est sur la médaille miraculeuse que
« je dois à une main amie. La Vierge, de la main, m'a

« fait signe de m'agenouiller, et a semblé me dire : *C'est*
« *bien!* Elle n'a point parlé, mais j'ai tout compris. » —
Le baptême d'Alphonse de Ratisbonne eut lieu dans l'église
du *Gesu*, le 31 janvier, et lui fut administré par le cardinal de Patrizzi. Le baron de Bussières, protestant converti, fut son parrain, et M. Dupanloup, aujourd'hui
évêque d'Orléans, y prononça, avant la messe, une de ces
chaleureuses improvisations dont il n'a point encore perdu
le secret. — Nous ne pûmes, en sortant de cette chapelle,
nous défendre d'une émotion bien naturelle, à la vue des
peintures murales qui retracent tous les plus petits détails
de cette conversion vraiment surprenante.

De là, nous nous empressâmes, car il se faisait déjà
tard, d'aller vénérer la tête de saint André dans une autre
église, qui porte son nom, et à laquelle on ajoute la désignation : *delle Valle*. Cette église, placée au sud de la
place Navone, est en croix latine, d'une seule nef, avec
chœur et chapelles profondes. Un prédicateur, monté sur
une estrade, qu'il arpentait activement de droite et de
gauche, y terminait en italien un sermon qui nous donna
l'idée de ce que durent être autrefois les furibondes et pathétiques prédications de Savonarole. Les chants et la
musique qui suivirent nous déplurent souverainement, par
la désinvolture et les roulades à perte de vue des artistes.
Mais en consignant ce détail, je ne fais peut-être pas assez
la part des mœurs, du climat et des habitudes italiennes, si
différents des nôtres.

Nous retournions à l'hôtel, et voilà que de nouveau
nous sommes pour ainsi dire forcés de subir d'incompréhensibles prédications. C'étaient des prêtres ou des
moines qui, à l'occasion de l'ouverture de la neuvaine en
l'honneur de la sainte Vierge, prêchaient en plein vent,
au milieu des rues et des places, devant des centaines de
personnes pieusement attentives et tenant à leur main leur
chapeau pointu. Cela nous édifia beaucoup ; mais ce qui
ne nous édifia guère, ce fut de voir en plein café des soutanes et des tricornes dont les porteurs fumaient le cigare,
lisaient le journal et buvaient des tasses ou des verres de
je ne sais quoi.

Nous demandâmes à un monsignor de nos amis qui se

trouvait là, comment le pape pouvait permettre à ses prêtres de fréquenter ainsi les tavernes et les cafés? « Mais, nous répondit-il, ne croyez pas que ces gens-là « soient des prêtres, la soutane et la tonsure sont l'uni- « forme et la condition *sine quâ non* pour remplir dans « les bureaux de l'administration ecclésiastique la place « de commis ou d'écrivain ; de sorte que tous ces gens « que vous voyez là, ne sont pas plus prêtres que vos « commis de banque ou que vos clercs de notaires. » Cette explication nous rassura. Mais si jamais je deviens pape, j'abolirai cet usage à Rome, il m'a trop désagréablement impressionné. Le soir, à table d'hôte, je retrouvai non loin de moi le secrétaire de Mgr de Lavigerie d'Alger qui, en l'absence de son évêque, m'offrit de partager avec lui, la voiture et les chevaux du prélat, pour nos excursions du lendemain et des jours suivants.

Cette journée du mardi 30 a été, comme tu le vois bien laborieusement remplie ; aussi le bréviaire dit, et quelques autres dévotions achevées, je n'ai pas tardé à dormir profondément, tout en ne cessant de rêver du pape, de Rome et de ses admirables magnificences.

Hier mercredi, nous nous sommes dirigés à droite de la voie Appienne pour arriver aux Thermes de Caracalla, imposantes ruines que tous les voyageurs visitent, qui frappent l'imagination de tous et qui m'ont paru à moi (barbare et inérudit) ne pas valoir la peine d'une si longue course. J'en ai pourtant rapporté un reste de stuc et un fragment de son pavé en mosaïque qui a dû être d'une richesse extraordinaire. Les fouilles qu'on y a faites et que l'on y fait, ont mis à jour une foule de chefs-d'œuvre de l'art ancien. Pour avoir une vue d'ensemble des Thermes de Caracalla, on monte, comme nous l'avons fait nous-mêmes, un escalier qui se trouve dans le *Caldarium*, salle de bains chauds. C'est un point admirable pour s'imprimer à jamais dans l'esprit le panorama de la campagne romaine.

En regagnant le *Forum*, nous nous arrêtâmes à l'église de Saint-Grégoire au *Cœlius*, à l'endroit même où ses parents avaient leur habitation. Ce grand pape la fit bâtir là en l'honneur de Saint-André en même temps qu'un monastère où il aimait à venir se recueillir après son élévation à la chaire de Saint-Pierre. C'est dans cet endroit qu'un jour ce saint Pontife rencontrait trois enfants que l'on avait amenés à Rome pour y être vendus comme captifs. S'étant informés d'où ils étaient, on lui répondit que c'étaient des Angles (*Angli*) : « Non, reprit-il, dites « plutôt que ce sont des Anges (*Angeli*). » Ces pauvres enfants, en effet, avaient des figures angéliques et leur teint blanc ressemblait à celui que les peintres donnaient aux exprits célestes représentés sous des formes humaines. Dès ce moment il résolut de faire porter la lumière de la foi aux habitants de la Grande-Bretagne, un religieux de ce monastère, nommé Augustin, qui y fut envoyé, convertit une grande partie des Anglo-Saxons. C'est donc d'ici qu'est parti le premier apôtre de l'Angleterre. En mémoire et reconnaissance de ce fait, nous avons lu avec attendrissement la touchante inscription tumulaire adossée au premier pilastre à gauche en entrant : « A Robert « Pécham, anglais, chevalier, autrefois conseiller de « Philippe et de Marie, roi d'Angleterre et d'Espagne, « illustre par sa naissance, sa foi, sa vertu ; lequel « n'ayant pu voir sans une douleur extrême, sa patrie se « détacher de la foi catholique, quitta toutes ces choses « qui d'ordinaire sont si aimées dans cette vie et partit « pour un exil volontaire. Après six années, ayant « institué par testament pour héritier de ses biens, les « pauvres de Rome, il sortit de ce monde en 1569. » — Cette église de Saint-Grégoire a trois nefs, séparées par seize colonnes antiques de granit. Nous y avons visité la chambre habitée par ce saint Pontife ; à droite, on voit la pierre sur laquelle il dormait, à gauche, son siège de marbre dans lequel je me suis permis de m'asseoir, et vis-à-vis une châsse qui renferme de précieuses reliques. Quand on en sort on rencontre à droite, sous le portique, une porte qui conduit sur une terrasse d'où l'on jouit de l'admirable vue des ruines du Palais des Césars. Dans cet enclos, il y a trois chapelles, la première est dédiée à sainte Sylvie, la deuxième à saint André, et la troisième à sainte Barbe, sur la porte de laquelle on lit *Triclinium Pauperum*, salle à manger des pauvres. On y conserve au milieu la table en marbre où Saint-Grégoire, servant chaque jour de ses propres mains, douze pauvres qu'il nourrissait en souvenir des apôtres, mérita de recevoir un ange parmi les convives. Cet ange vint sous la forme d'un jeune homme s'asseoir avec les autres à cette même table, après quoi il disparut. Voilà pourquoi le jeudi-saint, les papes servent à table treize pèlerins au lieu de douze, comme ils le feraient naturellement sans ce pieux souvenir.

N'étant plus en fiacre, mais nous prélassant, sans bourse délier dans la voiture de Mgr d'Alger, nous decidâmes d'aller par l'intérieur de la ville jusqu'aux jardins de Salluste, afin de jouir de la physionomie de Rome au beau milieu du jour. Nous pouvions le faire à cette époque ; mais il paraît qu'en plein été, il n'y a, dit-on, que les chiens et les Français qui affrontent dans les rues de Rome, le soleil de midi. Les jardins de Salluste étaient sur le *Pincius* près de la *porta Salaria*. On voit encore la base des gradins du cirque de ce nom. Là, comme dans toutes les promenades et tous les jardins que nous visitâmes, la nature vient bien en aide à l'art, mais c'est toujours l'art qui domine. Le jardin italien, bien différent des jardins anglais, où l'on cherche à produire l'illusion d'une libre campagne, le jardin italien c'est le prétexte de nombreuses décorations architectoniques. En effet, les terrasses, les escaliers, les portiques, les fontaines, les statues y font prédominer de toutes parts, le goût de l'artiste.

Non loin de là, les salons du palais Barberini et les chefs-d'œuvre qui les remplissent nous arrêtèrent longtemps ; mais je ne puis encore te les détailler, pas plus que ceux que nous admirons à tout instant dans les églises. Les palais de Rome, car ils sont à peu près tous les mêmes, constituent à mon avis, un des traits saillants de la physionomie de la ville éternelle. Une grande cour carrée, un escalier d'honneur ordinairement en marbre blanc, de riches galeries destinées aux œuvres d'art, une façade qui a presque toujours besoin d'être restaurée, tel est l'aspect que présentent généralement ces édifices. Toutes les collections artistiques font partie du majorat de la famille. J'y ai souvent cherché, dans ces palais, les appartements particuliers du maître, salle, salon, chambres, cuisine, domestiques, et rien de tout cela n'apparaît aux yeux du visiteur. En général, chez les Romains, tout pour les yeux, tout pour les arts, mais rien pour ce qui contribue au bien-être du corps, aux douceurs et aux commodités de la vie, ce à quoi, nous sommes, nous autres, malheureusement, si fort attachés ! L'on nous dit même à ce sujet, que quelques-uns des cardinaux, si princièrement logés, si éclatants au milieu des cérémonies, se promenant dans les rues en si pompeux équipage, et avec de si nombreux valets, n'avaient pas même le moyen de tenir maison ; que l'équipage et les domestiques en livrée se louaient à l'heure et que le diner le plus ordinaire de ces hauts dignitaires se composait d'un morceau de pain et d'un fromage pris au restaurant le plus voisin du palais.

Après le musée Barberini, visites aux thermes de Dioclétien. Ces thermes ne ressemblent en rien à ceux de Caracalla. Ils ont été complètement modernisés et transformés en la magnifique église de Sainte-Marie-des-Anges. Cette admirable basilique a la forme d'une croix grecque. Une fois qu'on y est entré, une force mystérieuse vous y retient pour jouir, admirer et contempler cet édifice qui ne ressemble à aucun autre, parce qu'on a voulu conserver et utiliser les ruines dioclétiennes sur lesquelles elle est bâtie ; et vous ne dites adieu, à ce bijou d'église, qu'en vous retournant et en soupirant encore !! C'est dans le jardin des Chartreux qui l'avoisinent et la desservent que se trouvent les ruines immenses en briques des Thermes primitifs.

Pendant l'après-midi, nous avons encore visité grand nombre d'églises ; mais avec la meilleure volonté du monde, je ne puis les signaler toutes. D'ailleurs, je ne prends note que de celles qui, par un fait curieux ou historique, un saint ou célèbre personnage, ou par un incident quelconque ont frappé mon esprit ou ma mémoire. L'église Sainte-Madeleine, tout près du Panthéon, est de ce nombre. L'intérieur en est remarquable par ses marbres, ses stucs et ses dorures ; l'une de ses chapelles, d'une richesse extrême, est dédiée à Saint-Camille de *Lellis*, qui repose sous l'hôtel et qu'on surnomma « le serviteur des ma-« lades » dont il a fondé la congrégation. Ces religieux déployèrent une telle charité quand le choléra ravagea la ville en 1837, que pour perpétuer le souvenir de leur dévoûment, le Sénat de Rome leur offre chaque année un calice d'argent, le jour de Saint-Camille et de Sainte-Madeleine. La chambre où expira ce charitable saint a été changée en un pieux sanctuaire que, comme tous les voyageurs nous ne manquâmes pas d'aller visiter au cloître. Hélas ! « du sublime au trivial, il n'y a qu'un « pas », dit-on : Nous l'éprouvâmes bien dans cette église. Pendant que nous admirions l'image miraculeuse de la *Madonna della Salute*, devant laquelle priait saint Pie V, au moment où se livrait la grande bataille de Lépante et qui apprit à ce saint Pontife la victoire de la flotte chrétienne, voilà qu'un gros chat noir s'élance de terre sur un énorme bénitier de marbre blanc, se pose à son aise sur les bords et paraît s'y désaltérer délicieusement et le plus tranquillement du monde. Nous voulûmes l'empêcher de boire en ce saint et si beau vase, mais il nous fit une horrible grimace, leva sa patte, dégaîna ses griffes et nous prouva ainsi ses journalières habitudes et qu'il était parfaitement chez lui. De cette lutte s'ensuivit un fou rire général qui nous força de sortir du lieu saint sans nous signer, et nous décidâmes tous que nous consignerions ce fait dans nos notes.

Devenus un peu plus sérieux, nous entrâmes dans une autre église, j'en ai malheureusement omis le nom. On y prêchait en italien une station d'avent. Plus de quatre cents hommes étaient là, recueillis, attentifs ; beaucoup se tenaient debout, quelques-uns à genoux, le plus petit nombre était assis. A ce propos, il faut que tu saches, mon cher Edouard, que les bancs et les chaises qui font la richesse de nos fabriques, l'ornement et la commodité de nos églises françaises, ne brillent dans celles de Rome que par leur absence. Nous ne comptâmes dans cet auditoire que vingt-cinq à trente femmes, ce qui fit dire à l'un de nous, que dans les églises de Rome, les femmes y étaient aussi rares que les sièges. C'est qu'en effet, nous avons remarqué que, contrairement aux fâcheuses habitudes de France, les hommes étaient presque toujours les plus nombreux aux prières, aux saluts et à toutes les prédications et cérémonies religieuses.

Après avoir visité l'église de Sainte-Marie-de-la-Victoire, si remarquable par l'abondance et la variété de ses marbres aussi bien que pour son jubé d'une beauté et d'une richesse extraordinaires, et bâtie en reconnaissance du grand triomphe remporté par Maximilien de Bavière sur les protestants, à la bataille de Prague en 1620 ; nous pûmes au moyen de la permission que j'en avais obtenue à l'ambassade, pénétrer dans le palais du Quirinal, que Grégoire XVI et Pie IX ont si richement fait décorer qu'il est devenu le logement habituel des princes de l'Europe qui viennent à Rome. Que je voudrais pourtant m'arrêter et te dire un mot sur les chefs-d'œuvre qu'on y admire, mais cela me mènerait trop loin. C'est dans ce palais que nous avons vu, non sans être comme français péniblement affectés du douloureux souvenir qu'elle rappelle, la fameuse chambre d'où Pie VII reçut, le 6 juillet 1809, l'ordre napoléonien de se rendre captif en France. C'est de cette même chambre que Pie IX prit la fuite pour s'exiler de Rome en 1849, et se rendre à Gaëte.

Je ne puis, cher Edouard, résister, quelque long que cela soit, à te transcrire ce qui nous fut raconté dans cette chambre au sujet de cette fuite de Pie IX. Cette histoire nous a tant émus et fait tant d'honneur au duc d'Harcourt, notre voisin de Saint-Vaast ! La tempête révolutionnaire grossissait à vue d'œil et la vie du pape était en danger, c'est alors que son évasion fut concertée entre le duc d'Harcourt, ambassadeur de France, et le comte de Spaur, ambassadeur de Bavière. La comtesse de Spaur fut mise de la partie ; elle devait aller en avant à Albano avec son fils et son précepteur. Le comte devait stationner près de l'église Saint-Pierre et Saint-Marcellin pour y recevoir le pape dans sa voiture, et sortir de Rome ensemble. Le duc d'Harcourt devait, lui, se rendre dans la chambre même du pape pour lui donner moyen de sortir du palais dans une mauvaise carriole et de rejoindre le comte de Spaur. Les choses s'exécutèrent comme il était convenu. Le

24 novembre, vers cinq heures du soir, le duc d'Harcourt entrait chez le pape comme pour une audience. Pie IX quitte aussitôt ses vêtements ordinaires qui sont blancs, s'habille de noir comme un simple prêtre, met une paire de lunettes vertes, et sort par un corridor solitaire dont on a grand peine à ouvrir la porte. Pendant ce temps, le duc d'Harcourt, resté seul dans la chambre du pape, lisait tout haut. A sept heures il se retira, disant aux gens de l'antichambre et aux gardes que le Saint-Père indisposé s'était mis au lit, puis il prend une chaise de poste pour Civita-Vecchia, où il arrive à minuit et s'embarque sur le *Ténare* pour Gaëte.

La difficulté d'ouvrir la porte du corridor avait mis le pape en retard d'une demi-heure. Le comte de Spaur, qui attendait près de l'église Saint-Pierre et Saint-Marcellin, en conçut de vives inquiétudes. Mais beaucoup plus terribles étaient les inquiétudes de la comtesse à Albano, où elle attendait son mari avec l'auguste fugitif, pour trois heures après-midi. Cinq heures, six heures, sept heures sonnèrent sans qu'elle eût de nouvelles. Enfin, après neuf heures du soir, au milieu d'une obscurité profonde, la pauvre dame est informée que le comte l'attend au bourg d'Aricie. Elle s'y rend aussitôt. Toutes les lanternes de la voiture étaient éteintes, afin qu'on ne pût reconnaître le personnage qui allait y monter. Arrivée dans le bourg, la comtesse reconnut son mari au milieu d'un groupe de gendarmes, et derrière lui un homme vêtu de noir, debout et le dos appuyé contre une palissade qui bordait la route. Aussitôt elle adressa à celui-ci les paroles convenues et lui dit :

« — Docteur, montez dans ma voiture, montez vite, car je n'aime pas à voyager la nuit. »

Alors, un gendarme ayant ouvert la portière et défait le marche-pied, le docteur monta, et le soldat ayant refermé la voiture leur souhaita un bon voyage en ajoutant :

« — Vous pouvez être tranquilles la route est parfaitement sûre. »

Voici donc nos émigrés en chemin, à dix heures du soir. Le docteur, qui n'était autre que Pie IX, assis à gauche au fond de la voiture, le précepteur en face de lui, la comtesse à sa droite et son jeune fils vis-à-vis d'elle. Le comte de Spaur et un domestique étaient montés derrière la voiture sur un siége adapté à cet usage. La comtesse d'origine francaise, mais née romaine, ne put maîtriser longtemps son émotion et exprima au Saint-Père, sans égard aux convenances et sans penser que les autres ne pouvaient la comprendre, tout ce qu'elle ressentait de peine à feindre, et quels efforts elle faisait pour ne pas tomber à genoux devant l'auguste vicaire de Jésus-Christ, qui de plus portait sur son cœur la Sainte-Eucharistie dans la pyxide que l'évêque de Valence lui avait envoyée quelque temps avant sa fuite. Pie IX répondit avec bienveillance :

« — Soyez tranquille, ne craignez rien, Dieu est avec nous ! »

A la première poste, où l'on changea de chevaux, on ralluma les bougies de la voiture. Le jeune de Spaur et son précepteur reconnurent alors la figure du Saint-Père, témoignèrent une grande surprise et aussitôt chacun d'eux se renfonça dans son coin en se faisant le plus petit possible. La douce piété de Pie IX les rassura bientôt. Pendant toute la nuit il ne cessa d'adresser à Dieu des prières pour ses persécuteurs, et de réciter le bréviaire et d'autres oraisons avec le précepteur qui était prêtre. Averti au-delà de Terracine, qu'il était à la frontière des deux Etats, il versa des larmes et récita le *Te Deum*. A un mille de *Mola di Gaëta*, deux personnes ouvrirent la portière du côté du pape et lui prirent les mains qu'elles baignèrent de larmes. L'une de ces deux personnes était le chevalier Arnao, secrétaire de l'ambassade d'Espagne ; à la vue de l'autre, le Saint-Père s'écria, en se croisant les bras :

« Je vous rends grâces, Seigneur, d'avoir aussi conduit près de moi, sain et sauf, *le bon cardinal Antonelli*. »

Arrivés à la *Mola di Gaëta*, les illustres fugitifs descendirent tous à l'auberge dite de Cicéron. C'est là que, le 25 novembre, à deux heures après-midi, Pie IX envoya le comte de Spaur au roi de Naples, avec une lettre qui lui racontait sa fuite de Rome, son arrivée dans ses Etats, et sa grande infortune. Le pape se rendit à Gaëte avec sa suite. Son intention était de se faire confidentiellement connaître à l'évêque Mgr Parisio, et de lui demander l'hospitalité pour quelques jours. Malheureusement, le jour même, le pieux évêque avait dû quitter la ville pour aller recevoir les derniers soupirs de son frère, ancien ministre de Naples. Un fidèle serviteur napolitain, nommé Daniélo, se trouvait seul au palais, lorsque le Saint-Père et les siens s'y présentant, insistèrent pour être reçus, mais Daniélo, ne les connaissant pas, leur dit, qu'en l'absence de son maître, il ne pouvait accéder à leur désir. Vainement, le cardinal Antonelli insistant, lui dit que Mgr Parisio serait désolé lorsqu'il apprendrait que ses AMIS avaient été repoussés de sa demeure, le fidèle domestique persista dans son refus, ajoutant avec impatience qu'il n'avait pas d'ordre à cet égard.

« Si vous nous connaissiez, mon ami, répondit le Saint-Père, vous nous recevriez avec empressement. »

C'est justement parce que je ne vous connais pas, répartit aussitôt Daniélo, que je ne puis vous recevoir ; d'ailleurs, le palais d'un évêque n'est pas une auberge. — « Je suis parfaitement connu de Monsignor Parisio, dit « encore le Pape. » C'est possible, répliqua le serviteur, mais vous ne l'êtes pas de moi, qui ne vous ai jamais vu : il faut aller chercher un gîte ailleurs. Disant ainsi, le Napolitain, fermant brusquement la porte du palais, se retira en grommelant contre les importuns.

Ainsi repoussée du palais épiscopal, la caravane apostolique alla s'installer dans une petite maison de chétive apparence, nommée l'auberge du Jardinet. Toutes sortes d'incidents survinrent. Le commandant de la citadelle, un vieux général, suisse de nation, nommé Grosse, que le cardinal Antonelli et le chevalier étaient allés trouver, les prit l'un et l'autre pour des espions insurgés venant examiner l'état de la forteresse ; cependant, comme il était poli autant que vigilant, il leur permit de rester dans la ville, et les congédia : mais, en même temps, il donna l'ordre à un officier et à un juge de paix d'avoir l'œil ouvert sur les hôtes du Jardinet. Pendant que le Pape prenait quelque nourriture, enfermé dans sa chambre, et que ses compagnons étaient à table dans la salle voisine, ces deux commissaires vinrent au milieu de ces pauvres réfugiés leur dire que le bruit courait dans le pays que deux cardinaux travestis se trouvaient parmi eux. Une facétieuse plaisanterie, qui fut suivie d'éclats de rire de la société tout entière, mit fin à la visite inquisitoriale du juge et de l'officier.

Le 26, qui était un dimanche, le duc d'Harcourt, ambassadeur de France, arrivait à son tour à Gaëte sur le vaisseau le *Tenare*, chargé du bagage et de la suite du Pape. En abordant le commandant de la citadelle, il crut prudent de ne lui dire que la moitié du secret de la fuite du Pape. Aussi, quand trois messagers vinrent coup sur coup lui annoncer qu'on voyait en mer, se dirigeant sur Gaëte, plusieurs bâtiments napolitains transportant des troupes, et amenant une personne de la famille royale, ce bon général perdit la tête de tant d'événements inexplicables et mystérieux. « Mais quels sont donc les étrangers « arrivés ici depuis hier ; que vient faire cette troupe que « je n'ai point appelée, et pourquoi se trouve-t-elle ac- « compagnée d'un prince de la famille royale ? » Tandis que ces idées et bien d'autres lui passaient par l'esprit, un officier vint lui apprendre que le roi de Naples lui-même et les personnes de sa suite abordaient à Gaëte. A peine descendu sur le quai, le roi aperçut le commandant de la place et lui dit : Général, où est le Pape ? — « Sire, je « pense que le Pape est à Rome, mais qu'il ne tardera pas « à arriver. — Comment, répliqua le roi, le Pape est à « Gaëte depuis vingt-quatre heures et vous l'ignorez ? » Alors le cardinal Antonelli et le chevalier Arnao s'avancèrent au-devant du roi pour lui expliquer que ce pauvre commandant n'était qu'à demi dans le secret de cette fuite, et que le Pape se trouvait encore incognito et caché dans la chétive taverne du Jardinet.

Le roi chargea ces deux personnages de conduire secrètement Pie IX au pavillon royal, tandis que lui s'y rendrait à pied par un autre chemin pour détourner les curieux et les empêcher de se presser sur le passage du Saint-Père.

Il fut fait selon ses ordres, et le Pape, aperçu de peu de monde, arriva au palais comme un simple ecclésiastique. Mais, dès l'escalier, il vit à genoux le roi de Naples, ses frères, la reine, la famille royale, toute la cour pleurant de joie et d'attendrissement, et bénissant Dieu qui avait enfin daigné mettre un terme aux tribulations de son Vicaire et empêché de commettre un grand crime !

Quelques années plus tard, ce généreux et hospitalier monarque était détrôné, chassé de Naples à son tour, et allait à Rome abriter sa royale infortune. Quelques souverains d'Europe en ont fait un crime au Saint-Père, ont voulu le forcer de chasser des Etats pontificaux ce malheureux prince. Mais l'opiniâtre résistance de l'immortel et reconnaissant Pie IX a confondu ces lâches conseillers, et ajoute un fleuron de plus à la couronne de son glorieux et énergique pontificat.

Quels beaux quartiers nous parcourûmes ensuite ! et qu'ils étaient différents de tant de boueuses et tortueuses ruelles, qui rappellent si bien dans Rome le vieux Paris d'autrefois ! Au moins là nous pouvions, avec nos deux chevaux et notre carrosse d'emprunt, circuler librement, respirer à l'aise et admirer les magnifiques maisons modernes qui bordent ces quartiers. En descendant l'une des rampes qui soutiennent la place, on aperçoit les statues de tous les grands hommes de la Rome antique : Cicéron, Virgile, Horace, et trois ou quatre autres que notre cocher ne sut pas nommer. A la Minerve, dans le salon de l'Hôtel, on nous apprit, à notre retour, des nouvelles de France très rassurantes sur la débâcle du mont Cenis et sur le sort des deux évêques que l'on avait crus morts pendant quelques jours. Parmi les oublis que j'ai faits, il faut absolument que j'en répare un très important. C'est notre visite au Gésù, l'une des plus belles et des plus riches églises de Rome. La voûte est peinte à fresque, elle a trois nefs. Sur l'autel de saint François-Xavier, à droite, où la mort du saint est représentée dans un superbe tableau de Maratta, on voit un médaillon de bronze doré et orné d'un bas-relief. Ce médaillon couvre le bras droit et la main de l'apôtre du Japon ; ce bras est desséché, mais encore intact ; les cinq doigts sont ornés de pierres précieuses ; nous irons demain, jour de sa fête, y faire nos dévotions.

En face l'autel de saint François-Xavier, se trouve celui de saint Ignace. Il m'est impossible de te donner une idée de sa richesse. Quatre grandes colonnes revêtues de pierres précieuses et rayées de bronze doré soutiennent un entablement et un fronton qui, comme les piédestaux, sont de vert-antique. Au milieu du fronton est un groupe de marbre qui représente la Sainte-Trinité. Le globe que tient le Père Eternel, pierre précieuse la plus riche, la plus finement taillée du monde, est le plus beau morceau de Lapis-Lazuli que l'on connaisse. Le tableau de saint Ignace est tout juste de la dimension d'une grande niche qu'il cache entièrement, et il disparaît à l'aide d'un mécanisme ingénieux, pour laisser voir aux grandes fêtes la riche statue du Saint, qui a près de trois mètres de hauteur. Cette statue, qui fait groupe avec trois anges, a la tête et la chasuble d'*argent massif*. Nous nous extasions devant les chefs-d'œuvre et les incalculables richesses amoncelées dans cette église des Jésuites, et un malin de nos compagnons nous dit à l'oreille : Rien ne doit étonner ici, « car « qui n'aurait de beaux chevaux si ce n'est le roi ! »

Pendant et après le dîner d'hier mercredi, grande et sérieuse discussion entre trois évêques d'Irlande et nous, au sujet de la dernière lettre de Mgr Dupanloup. Ces bons évêques, à qui Mgr d'Orléans vient d'envoyer une dernière circulaire, prétendent, dans leur baragouin moitié français et moitié latin, que ce Prélat gallican n'a pas reçu à lui seul la mission de *conseiller* et de *confirmer* ses frères dans la foi, mais le Pape et seulement le Pape ; que quand un évêque écrit comme lui *et toujours et toujours*, qu'il doit négliger son diocèse ; que si il a rempli dans un temps le rôle de l'Ange de l'Eglise, il remplit en celui-ci *le rôle du Diable*. Ces Irlandais, comme tu le vois, n'y vont pas de main-morte. Cependant, malgré tout ce qui a été dit dans cette soirée d'hier, nous n'avons voulu asseoir notre jugement définitif sur Mgr Dupanloup qu'après plus sérieux et plus ample informé. Nous ne pouvons, sans ingratitude, oublier les immenses services que ce généreux, vaillant, érudit et éloquent défenseur de Pie IX rendait dernièrement encore à l'Eglise et au Saint-Siége.

Aujourd'hui jeudi, 2 décembre, bien fatigante, mais aussi bien heureuse matinée. Nos dévotions faites devant l'autel de saint François-Xavier, dans la somptueuse église du Gésù, c'est vers le Vatican que se sont dirigées nos pensées et nos pas, parce que nous savions que le Pape devait se rendre à cette heure à la chapelle Sixtine. Le Vatican n'est pas un seul palais, mais bien plutôt la réunion de palais élevés par seize pontifes romains qui se sont surpassés les uns et les autres par leur générosité, leur bon goût, leur habileté et leur science profonde. Il n'y a pas au monde une seule dynastie qui puisse offrir une suite aussi longue de protecteurs des beaux-arts. Et, cependant, on n'en continue pas moins dans certains journaux et dans certains livres à représenter les papes comme les ennemis du beau et du vrai, n'ayant d'autres soucis que de ramener l'humanité au sein des ténèbres ! On compte au Vatican huit grands escaliers ; c'est par l'escalier royal que l'on arrive sous le portique de Saint-Pierre ; on y compte également vingt cours et quatre mille quatre cent vingt-deux salons. Il nous fut possible, avant l'arrivée du Saint-Père, de jeter un coup d'œil sur l'ensemble de la chapelle Sixtine, sur les admirables peintures qui recouvrent ses parois latérales, sur sa remarquable voûte où, pendant vingt ans d'un travail opiniâtre, Michel-Ange a pu réaliser les gigantesques conceptions de son génie, et enfin au fond de la chapelle, sur l'immense représentation du *Jugement dernier*, où ce grand artiste s'est immortalisé ! Il faut pourtant avouer que tout ce que Michel-Ange a été puiser aux sources du paganisme, ainsi que les scabreuses nudités qui s'étalent dans cette grande page de l'art, ne conviennent guère à une chapelle pontificale. Mais taisons-nous ; car, on raconte, à ce sujet, que Blaise de Césène. maître du Sacré-Palais, fit la même remarque et observa à Paul III que toutes ces figures nues étaient plutôt dignes d'un cabaret que d'une église. Ces paroles furent rapportées à Michel-Ange. Pour se venger, il peignit, dans le coin de son immense tableau à droite, Blaise de Césène sous la figure de « Minos avec de longues oreilles d'âne et « une sale queue de serpent. » Le maître du palais, furieux, insista auprès du Pape pour faire effacer son portrait. Mais Paul III lui dit : « Où t'a-t-il placé ? » Dans l'enfer, répondit-il. « Ah ! c'est fâcheux, répondit le Pape « à son tour. Si Michel-Ange t'avait mis en purgatoire, il « y aurait remède, mais de l'enfer il n'y a point moyen

« d'en sortir. « In inferno nulla est redemptio. » De sorte que ce pauvre Blèse de Césène est toujours là, l'objet des sourires de tous les voyageurs qui, de générations en générations, viennent remarquer la triste figure qu'il fait dans cet incomparable chef-d'œuvre.

Un bruit inaccoutumé, un grand remue-ménage, les gardes du palais qui accourent et nous invitent à sortir, tout cela nous annonce l'arrivée du Saint-Père ; il se rendait, de ses appartements à cette chapelle Sixtine, où les prélats sont déjà réunis ; il nous a tous gracieusement bénis à son passage. Je l'ai donc encore une fois revue, et cela de bien près, cette belle, sainte et spirituelle figure de Pie IX. Dans le jeu de son inimitable physionomie, j'ai cru remarquer, au milieu d'un grand fonds de douceur et de bonté, un certain petit grain de fine malice qui m'explique les adorables bons mots dont il embellit tous ses entretiens. Sa démarche, quand il n'est point en cérémonie, paraît un peu lourde ; il *boulotte* et traîne quelque peu ses jambes, comme feu Mgr Didiot, notre ancien évêque de Bayeux.

Après cette heureuse rencontre, le musée du Vatican absorbe le reste de notre matinée ; c'est, sans contredit, le premier musée du monde. Les galeries que nous avons parcourues sont consacrées presqu'exclusivement aux monuments de l'art antique. L'immense richesse de tous les objets qui s'y trouvent réunis par les soins et la générosité de tous les Papes est telle que l'esprit en reste confondu et que la plume est impuissante à les détailler. La riche bibliothèque était, dans l'une de ses chambres, complètement remplie d'employés, d'écrivains et d'interprètes dont les fonctions consistent à étudier et à publier tous les manuscrits inédits. Nous avons admiré dans la grande salle de cette incomparable bibliothèque les superbes cadeaux faits aux Papes par tous les souverains de l'Europe, et notamment le baptistère de notre petit prince impérial. Les chambres et les loges de Raphaël, que nous n'avons pu qu'entrevoir, nous ont donné l'envie de revenir bientôt au Vatican. Mais, hélas ! que d'admirables choses à voir encore, et le temps est si court ! Nous avons assisté au défilé des cinq cents évêques qui sortaient de la chapelle Sixtine et du consistoire, chacun muni d'un livre rouge où sont, dit-on, consignées les questions à discuter au Concile. Le secrétaire du maître du palais a fait bon accueil à la recommandation de M*me* de Banneville, et m'a promis pour samedi, dimanche ou lundi une audience non pas particulière (ce qui n'est pas possible même pour les évêques en ce moment), mais une présentation au Saint-Père en compagnie des prélats dernièrement arrivés avec lesquels il me facilitera les moyens de me réunir.

Cette après-midi, promenade sur la place du Peuple, une des plus magnifiques de Rome et assurément la plus régulière. Elle est décorée au centre d'un obélisque élevé sur un socle présentant aux quatre angles des lions égyptiens qui lancent de l'eau dans des vasques. Quatre grands bâtiments, une caserne, un musée, un couvent et l'hôtel des Iles-Britanniques, lui donnent un aspect imposant. Montant ensuite la rampe qui conduit à la délicieuse promenade du *Pincio*, nous sommes revenus jusqu'à la place de Venise. Cette longue rue du Corso nous a fait en petit l'effet d'une des rues les plus fréquentées de Paris ; elle est loin d'être aussi large, mais au moins les trottoirs, qui n'existent que là, garantissent les nombreux étrangers qui la parcourent à pied. C'est là que j'ai quitté mes amis pour revenir à l'hôtel. Je devais dîner à l'ambassade, et j'avais besoin de réorganiser un peu ma toilette. La meilleure de mes soutanes avait malheureusement été tout autant avariée que notre infortuné *Pausilippe*. Mais, grâce à la prévoyante Aimée du presbytère, qui avait pourvu mon sac de voyage de brosses, de savon, de fil, d'aiguilles, d'une véritable trousse de tailleur, j'ai pu, non pas habilement mais solidement repeindre les poches, repriser les accrocs, effacer les taches, rafraîchir le tout, en un mot faire disparaître les fâcheux accidents de notre pénible traversée. En arrivant au salon, où déjà beaucoup de convives étaient réunis, d'aimables compatriotes m'ont appris que Monseigneur Hugonin, arrivé du matin même, assisterait au dîner. Je crus devoir quitter tout ce monde pour aller présenter à mon évêque mes respects et mes félicitations sur son heureux voyage. Accueil on ne peut plus gracieux de sa part ; puis il prend poliment congé de ma personne en

me disant qu'on l'attend à dîner à l'ambassade. « Monsei-
« gneur, lui répondis-je, j'aurai l'honneur de vous accom-
« pagner. »

Je ne te dirai rien de ce petit dîner de famille et d'amis et *tout à fait sans cérémonies*, comme le disait Mme de Banneville, et qui cependant a moi m'a paru très recherché et autrement splendide que ceux de la Minerve. Les préparatifs du concile, le narré des agréments et des désagréments du voyage de chacun des convives, ce que le télégraphe avait raconté le matin sur les événements de mer et les embarras par la voie de terre a fait tout le sujet des conversations. Parmi les vingt convives se trouvaient des laïques, des militaires, quatre prêtres français, deux évêques notamment le nôtre, qui m'a beaucoup entretenu de ma paroisse, de nos habitants, de tout ce qui pouvait en un mot nous intéresser l'un et l'autre ; il m'a fait promettre d'aller lui rendre visite tous les jours tant que je serai à Rome.

Je voudrais poursuivre encore un peu cette lettre déjà bien longue, mais le sommeil et la fatigue sont encore plus forts que mon courage et ma bonne volonté. Que j'aurais pourtant bien voulu te dire un mot de la physionomie morale de Rome, et du fond des entretiens, discussions et prévisions dont le prochain concile est l'objet !

Mais je n'en puis plus ! sous peu tu recevras de mes nouvelles.

Adieu, et tout à vous.

11° Lettre.

Rome, dimanche 5 décembre 1869.

Mon cher Édouard,

Tous les jours se suivent, mais hélas ! sont bien loin de se ressembler. Hier samedi journée horriblement pluvieuse. Avant hier l'après-midi nous nous sommes perdus, et avons pataugé pendant une heure au moins dans les plus sales quartiers de Rome, sous le vent et la pluie et dans les boues nauséabondes du *Ghetto* (quartier des juifs). Mais encore une fois procédons avec ordre dans l'emploi de nos journées.

Vendredi 3 au matin nous célébrâmes la messe à Saint-Louis-des-Français. Je ne t'en ai point encore parlé, et pourtant c'est peut-être l'église que j'ai étudiée le plus longtemps et dans laquelle nous prions le plus souvent. Cela tient probablement à ce que là tout français se croit chez lui et que les belles choses que l'on voit chez les autres frappent davantage que celles que l'on a sous les yeux. Saint-Louis-des-Français a trois nefs divisées par des pilastres. C'est à Rome, la plus grande des églises nationales de France et elle en a tout à fait le cachet et l'aspect. Elle fut bâtie en 1589 aux frais de Catherine de Médicis. On y remarque les nombreux tombeaux des notables français morts à Rome : ceux du cardinal d'Angennes, du cardinal d'Ossat, ambassadeur d'Henri IV, de Séroux d'Agincourt, l'immortel auteur de l'histoire de l'art par les monuments du IV au XVI siècle ; nous y avons admiré, non sans émotion, la tombe du magnanime de Pimodan qui commandait l'infanterie pontificale à la journée de Castelfidardo. Voici la modeste inscription qu'on y lit :

Ici repose Georges de Pimodan, né le 29 janvier 1822, mort le 18 septembre 1860, en paix.

Le monument funèbre élevé à la mémoire des soldats et des officiers français morts au siége de Rome en 1849 et dont nous avons lu avec une religieuse et reconnaissante attention tous les noms qui y sont gravés, consiste en une immense pyramide. — La chapelle, consacrée à sainte Cécile, ainsi que les fresques du Dominiquin représentant : 1° l'ange offrant des couronnes à la sainte et à son époux Valérien ; 2° son exaltation dans le ciel ; 3° la sainte foulant aux pieds les idoles, distribuant ses vêtements aux pauvres et rendant le dernier soupir, nous ont souvent frappé les yeux et rappelé les grands souvenirs de cette célèbre romaine.

Vendredi matin, comme nous allions sortir de cette

église, nous aperçûmes en prière près du sanctuaire Messieurs Simare et Révéroni, deux prêtres du diocèse de Bayeux et compagnons de M. Mabire. Ils nous apprirent, qu'après une assez pénible traversée, ils étaient arrivés la nuit à la Minerve et avaient été obligés, vu le grand nombre de voyageurs, de coucher sur un lit de camp dans le cabinet de lecture de l'hôtel. Tous ensemble nous allâmes à la poste aux lettres, car à Rome il n'y a pas, comme dans les villes de France, de facteurs qui aillent les distribuer à domicile. Ici, l'on se présente au guichet, qui porte la première lettre de votre nom, et vous demandez à l'employé de chercher s'il n'a point dans ses cases une lettre à votre adresse ; ou bien si vous les recevez à domicile vous payez dix centimes. Tu comprends quelle dut être ma joie de revoir ce bon M. Mabire, et la peine que j'éprouvai en songeant qu'il avait passé la nuit couché sur *la dure*, après une si fatigante navigation, tandis qu'à deux étages au dessus de lui, j'étais mollement étendu sur un vrai lit de chanoine. Après une assez longue entrevue avec ces bons messieurs, nouvellement arrivés, et Mgr Hugonin qui s'était empressé de venir leur serrer effectueusement la main, nous nous séparâmes, eux, pour trouver à se loger, et nous pour continuer nos excursions.

Je courus seul au Vatican, me présentai au secrétaire du maître du palais, et lui rappelai qu'il m'avait promis pour le lendemain samedi, d'être présenté au Saint-Père. « Hélas ! me dit-il, demain matin le Pape reçoit en au-
« dience beaucoup de prélats et de prêtres italiens, quel-
« ques évêques irlandais, puis il y a conseil, etc., etc., etc.,
« mais laissez votre adresse. C'est dommage, ajouta-t-il,
« en voyant que je demeurais à la Minerve, c'est dom-
« mage que vous ne connaissiez pas les prélats irlandais à
« qui je viens d'écrire et qui logent au même hôtel, vous
« pourriez vous présenter avec eux ! » Il me donna leurs noms et c'étaient justement mes voisins de chambre et de table et avec lesquels j'avais voyagé sur le *Pausilippe*. Je remerciai ce bon secrétaire bien affectueusement. Une heure après j'avais l'assurance formelle d'être le lendemain aux pieds de Pie IX avec mes trois honorables

voisins et un curé anglais qu'ils voulurent bien accepter en même temps que moi. C'est alors que je m'empressai d'acheter médailles, croix, chapelets, images, en un mot tout ce qui était susceptible de recevoir la bénédiction du Saint-Père. Et si Dieu permet mon retour près de toi et des tiens, tu verras que, pour le nombre et la quantité de ces objets, j'ai vraiment agi en grand seigneur. J'ai promis à tant de personnes de leur rapporter un petit souvenir de Rome !

Toutes ces allées et venues me prirent ma matinée entière, mais je n'eus pas lieu de m'en repentir. Une belle occasion se présenta d'aller en voiture visiter, aux alentours de Rome, la magnifique villa Pamphili Doria et nous nous y rendîmes.

Cette villa est située tout près de la porte Saint-Pancrace et appartient par donation à la riche et princière famille des Doria. Ses jardins, admirablement dessinés, ses parcs, ses pelouses qui rappellent notre beau château de Versailles, ses fontaines, ses jets d'eau, tout y est grandiose et du meilleur goût : ses pins séculaires à parasol sont célèbres par leur hauteur prodigieuse. Le palais renferme une curieuse collection de bas-reliefs, de bustes, et de statues antiques. Du haut de ce palais, où nous prîmes la peine de monter, nous avions sous nos pieds le dôme de Saint-Pierre, son église, le Vatican et Rome toute entière, et, à la faveur d'une radieuse éclaircie qui dura quelques minutes, nous pûmes dans tous ses détails ravissants et pittoresques distinguer devant nous la campagne romaine, et à notre droite ses montagnes couvertes de neiges. Cette villa servit deux fois de quartier général en 1849 : d'abord aux républicains romains de Garibaldi, ensuite à l'armée française commandée par le général Oudinot. Au bout d'une allée et comme nous allions sortir de cette villa, un remarquable monument funèbre attira nos regards ; c'est celui que le prince Doria a fait élever à la mémoire des soldats français tués pendant le siège.

J'oubliais de te dire un mot de la belle fontaine Pauline, que nous avions admirée avant de nous rendre à la villa Pamphili. Elevée par Paul V, sur les hauteurs du Janicule, elle se compose d'une grande façade à cinq arcades, dont trois grandes et deux petites, séparées par cinq colonnes de granit rouge : des torrents d'eau limpide s'échappent des trois grandes arcades et tombent avec fracas dans le bassin.

La colline, sur laquelle nous nous trouvions et à laquelle le sable jaune de ses carrières a fait donner le nom de Mont-d'Or (Montorio par corruption), me rappela de bien antiques souvenirs classiques, puisqu'elle fut habitée par Janus, roi des Aborigènes, pendant que Saturne régnait de l'autre côté du Tibre sur le mont Capitolin. C'est là que, d'après la tradition chrétienne, l'apôtre saint Pierre a été crucifié. On y a bâti une église qui s'appelle *Saint-Pierre in montorio*, desservie actuellement par des franciscains qui dirigent en même temps un collége de jeunes missionnaires, c'est de ce collége que sortent annuellement les apôtres destinés aux contrées les plus rebelles à la foi du Sauveur, c'est-à-dire aux pénibles missions du Levant et aux régions inhospitalières de la Chine. Cette église n'a qu'une seule nef, de grandes chapelles d'un côté, de toutes petites de l'autre. Les fresques de la voûte, représentent la transfiguration de Notre-Seigneur, et coûtèrent à l'artiste, six années de travail.

A côté de cette église, se trouve le cloître du Couvent. Au milieu s'élève un gracieux petit temple, de forme ronde, surmonté d'une coupole que portent seize colonnes de granit noir. C'est dans la chapelle souterraine et au centre de ce petit monument que l'on montre et que l'on vénère la fosse circulaire où fut plantée la croix sur laquelle mourut le prince des apôtres. Un religieux retira de ce trou une pincée de sable jaune, que nous emportâmes, nous aussi, comme souvenir de notre visite, à la chapelle circulaire de Saint-Pierre *in montorio*.

La terrasse qui précède cette église offre un magnifique panorama de la ville de Rome, des montagnes, du *Latium* et de la plaine qui s'étend de la basilique de Saint-Paul jusqu'à la mer ; c'était une deuxième et plus visible édition du premier panorama que nous avait, quelques instants auparavant, offert la haute terrasse de la villa Pamphili ; en descendant, nous suivîmes une voie en voie en zig-zag ornée des stations du chemin de la Croix.

De là, nous fûmes visiter la grande et belle église de Sainte-Marie *in transtevere* à laquelle se rattache le souvenir d'un fait extraordinaire. Sa façade est ornée d'une mosaïque du XIIe siècle, représentant les cinq vierges sages et les cinq vierges folles, au milieu desquelles la vierge Marie, offrant le sein à l'enfant Jésus, est assise sur un siége richement orné. On y lit ces mots : « Occupée « par le soldat de l'Empire, je suis le grand hôtel des « Invalides (taberna meritoria), occupée par Marie je « m'appelle plus grande et je le suis. Alors je répands de « l'huile, emblème de la grande miséricorde du Christ « naissant, et maintenant je la donne à ceux qui la de-« mandent. » Cette inscription fait allusion à un grand événement qui arriva du temps de l'Empire et dont je crois devoir te dire un mot. Sous le règne d'Auguste, Rome vit tout-à-coup jaillir au lieu occupé par l'hôtel des Invalides ou *Taberna meritoria*, une fontaine d'huile qui coula pendant un jour avec tant d'abondance qu'elle descendait jusqu'au Tibre. Dans cette fontaine d'huile sortie du sein de la terre, au milieu du quartier de Rome habité par les Juifs, les chrétiens virent plus tard, et l'éternelle miséricorde de Dieu qui n'a jamais laissé son fils sans témoignage, et l'annonce symbolique de la naissance du Christ arrivée peu de temps après. Un rescrit d'Alexandre-Sévère rendit les chrétiens maîtres de ce lieu si merveilleusement célèbre, et ils y bâtirent cette église dédiée à la Vierge mère. C'est la première, dit-on, que Rome vit élever en l'honneur de la reine du Ciel. L'intérieur de cette basilique est formé de trois nefs séparées par vingt et une colonnes de granit, provenant du temple d'Isis et de Sérapis. Quelques-unes d'entr'elles ont leurs chapiteaux ornés des images de ces divinités. Le pavé est formé de porphyre, de vert antique et d'autres marbres rares et précieux. Dans la chapelle des fonts baptismaux, nous avons encore remarqué l'inscription suivante : « D'ici l'huile sort quand Dieu naît de la Vierge, « par cette double onction Rome est sacrée reine du « monde. »

A l'extrémité du Transtevère nous apparut une assez

vaste église précédée d'une grande cour et d'un portique en ruine, mais encore assez remarquable. C'était la grande église de Sainte-Cécile, cette célèbre sainte qui est restée comme l'idéal des matrones romaines. Dans la nef latérale droite est le couloir qui conduit au *Caldarium*, théâtre du martyre et de la mort de cette sainte. Nous avons visité dans tous ses détails sa maison souterraine qu'elle légua au pape Urbain Ier pour en faire une église, le *Caldarium* ou salle de bains que les exécuteurs chauffèrent outre mesure pour l'étouffer, enfin le lieu où les trois coups maladroits du bourreau hachèrent mais ne purent décapiter celle que le feu et la vapeur avaient déjà si miraculeusement épargnée. La confession ou maître-autel de cette église, dont tous les abords sont incrustés d'onix, de lapis-lazuli et des marbres les plus précieux, et au centre de laquelle on admire la statue si expressive de sainte Cécile, dans la position même où Paul-Emile Sfondrato et le pape Pascal Ier ont retrouvé son corps, cette confession, dis-je, est défendue et entourée d'une riche balustrade à hauteur d'appui à laquelle sont suspendues de nombreuses lampes entretenues jour et nuit. L'enceinte de ce lieu est pavée d'albâtre oriental et d'autres pierres comme je n'en ai vu nulle part. Au milieu de cette élégante marqueterie, sur une plaque de marbre noir, nous avons lu l'inscription que voici : « Sous cet autel
« qui leur est consacré reposent les corps des martyrs,
« Cécile vierge, Valérien, Tiburce, ses compagnons Lu-
« cius et Urbain. » Je ne te dirai rien des nombreux personnages représentés par l'admirable mosaïque de l'abside et de la longue inscription qui la termine, je n'ai pu en copier que la dernière phrase : « Ici pour l'amour du
« Seigneur, Pascal a réuni les corps sacrés de Cécile et
« ses compagnons, famille brillante de jeunesse dont
« l'heureuse dépouille fut si longtemps cachée sous l'om-
« bre des cryptes ; Rome en tressaille de joie et la gloire
« qui rejaillit sur elle l'embellit à jamais. »

C'est au sortir de cette église que nous nous perdîmes dans le plus sale des quartiers de Rome, dans le quartier des Juifs appelé *Il Ghetto*. Quelles rues, ou plutôt quelles ruelles affreusement peuplées ! Les habitants du Vaugueux à Caen, ou la grouillante populace de Martainville à Rouen, serait une véritable aristocratie si on la mettait en regard de cette ignoble population en lambeaux parquée dans le *Ghetto*. Les maisons ressemblent à de hideux magasins de bric-à-brac. C'est le réceptacle de tous les vices. Elles sont habitées par des hommes en haillons, des enfants presque nus et des femmes en guenilles qui font peine à voir. Et cependant, dit-on, cette affreuse population est riche à millions. Elle entasse trésor sur trésor au moyen des transactions les plus véreuses et les plus iniques. C'est là que vont se cacher, pour y être transformés en lingots, les objets précieux dérobés aux églises, aux palais et aux orfèvres. Il paraît qu'il n'est pas prudent de se hasarder, la nuit ou le soir, à parcourir seul ces sombres et étroits quartiers. Un calvaire s'élève néanmoins au milieu de cette affreuse *Capharnaüm* et l'inscription qui s'y lit, mais que je n'ai pas eu le temps ni la facilité de copier à cause d'une pluie battante, est une parole de pardon et d'espoir qui sort du cœur miséricordieux du Sauveur Jésus en faveur de ce malheureux peuple. Nous étions complètement désorientés dans ces rues étroites et boueuses et je ne sais comment nous en serions sortis sans l'obligeance de deux zouaves pontificaux, charmants enfants de notre belle France, qu'un heureux hasard mit sur notre route.

Chemin faisant ces deux aimables compatriotes nous peignirent avec amertume l'assez triste position que le gouvernement romain fait à ce régiment qui a pourtant toutes les sympathies du monde catholique. La nourriture et le logement de ces malheureux zouaves laissent beaucoup à désirer ; tandis que la légion d'Antibes, les Suisses et la garde palatine, à qui sont réservés presque tous les postes d'honneur, sont, paraît-il, autrement bien traités. Le peuple romain lui-même, tout en désavouant Garibaldi et ses séides, ne voit dans ces défenseurs du pape que des soldats étrangers dont il ne sait point apprécier le dévoûment. Ces pauvres jeunes gens ont terminé leurs jérémiades en nous donnant l'assurance fâcheuse qu'il y aura d'ici un an, dans le corps des zouaves, si leur position ne devient pas meilleure, de nombreuses défections.

Après le dîner de l'hôtel, nous passâmes la soirée au milieu d'une excellente famille française, chez laquelle logeait M. le curé de Villers, la famille de Sesseval, qui habite Rome l'hiver, et dont les propriétés sont dans le département de l'Orne. Nous y reçûmes l'invitation d'y dîner le dimanche suivant.

Le samedi matin, nous achevâmes nos confessions, communions et autres dévotions entreprises dans l'intention de gagner l'indulgence plénière du Jubilé ; précédemment nous nous étions acquittés dans la même intention des visites aux basiliques insignes désignées aux pèlerins dans les lettres encycliques. Quand j'abordai nos bons évêques, mes voisins de chambre, sous le patronage desquels j'allais être admis auprès du Saint-Père, ils me firent part avec humeur de la nouvelle tentative de Mgr Dupanloup. Tous les prélats, actuellement arrivés à Rome, venaient de recevoir à leur adresse cette même lettre de l'évêque d'Orléans, qu'il avait envoyée aux prêtres de son diocèse et qui avait déjà fait tant de bruit ; et tous ces évêques se demandaient entr'eux « de quel droit « Mgr *Dou*panloup se permettait un semblable envoi, si « c'était *loui* (lui) ou le pape qui avait sur eux la primauté « d'honneur et de juridiction (*Jouridiction*). » Quelques-uns ont pris le parti, non de lui répondre, mais d'aller lui rendre visite pour le faire s'expliquer à ce sujet.

A dix heures et demie du matin, nous nous trouvâmes enfin en présence du Saint Père ; le cardinal Antonelli venait de le quitter. Plusieurs camériers l'accompagnaient ; t'exprimer mon émotion en pareille circonstance m'est impossible ; j'avais devant moi le représentant et le vicaire de Jésus-Christ ! Il jeta sur nous tous un regard ineffable de bonté. Puis, s'adressant à l'évêque qui se trouvait à genoux le premier en ligne, et arrêtant les yeux souriants sur chacun de nous : « Il y a plusieurs jours que vous êtes « arrivés, mes enfants, » nous dit-il ? Et cela en très-bon français, mais empreint d'un accent italien. « Depuis « cinq jours, répondit le premier évêque, sur le Paosilippe. » « Ah ! sur le Pausilippe, » reprit le Saint-Père, d'un air et d'un ton qui nous fit comprendre qu'il était au courant des émotions et des accidents de notre navigation,

« mais enfin vous êtes au port, car à Rome vous êtes chez
« vous. » Puis il nous bénit tous séparément, nous et les
nombreux objets que nous lui présentions. Dans mon
trouble, je laissai tomber une partie de ma boutique à
terre. Et, comme je m'empressais de ramasser le tout afin
de ne rien soustraire à sa bénédiction, il ajouta en me
regardant *totto beneditto* et son geste et ses paroles voulaient dire « Soyez sans inquiétude tout est bénit. » Nous
nous levâmes pour lui présenter chacun nos offrandes.
L'un de ses camériers vint à nous, nous fit approcher
d'une table ou console où nous déposâmes, les évêques
leurs petits sacs de cuir rouge, et moi ma petite
boîte contenant les modestes dons que j'avais à lui remettre et que je qualifie doublement de la sorte, en présence des 200.000 francs que lui laissèrent devant moi
les évêques et le prêtre anglais que j'accompagnais.
Pendant ce temps-là deux autres séries de présentations
avaient eu lieu.

Cette audience, hélas! fut bien courte! et je me sentis
l'envie d'en redemander une nouvelle. Mais la pensée de
mes compagnons qui étaient à chaque instant ajournés, la
pensée des 70,000 étrangers qui sollicitaient en vain, depuis plusieurs jours une pareille faveur, me rendit raison-
nable, et fit taire en moi le sentiment pénible que j'éprouvai, quand *aux seuls Evêques* qui étaient avec moi, le
camérier donna l'heure et le jour d'une audience particulière pour les affaires de leur diocèse. Moi, je n'étais qu'un
simple curé, il fallut se résigner et se contenter de peu.
L'après-midi de cette journée de samedi, on exposait à la
vénération des fidèles les chaînes de saint Pierre. Nous
nous rendîmes donc à Saint-Pierre-aux-Liens, sur le mont
Esquilin, devant le couvent des Maronites, où je devais loger. Voici, en deux mots, l'histoire de cette relique fameuse : L'église de Rome conservait déjà la chaîne que
saint Pierre avait portée sous Néron, et que Balbine, fille
d'un gardien de la prison, avait recueillie. L'impératrice
Eudoxie, du temps de saint Léon, envoya la moitié d'une
autre chaîne que saint Pierre avait également portée dans
la prison de Jérusalem, à sa fille Eudoxie, femme de l'empereur Valentinien. Ces deux chaînes, rapprochées par le

saint Pontife, se joignirent aussitôt miraculeusement l'une à l'autre pour n'en former qu'une seule. En mémoire de ce prodige et en l'honneur de saint Pierre, le Pape, de concert avec l'Impératrice, édifia l'église de Saint-Pierre-aux-Liens, appelée aussi pour cette raison *Basilique Eudoxienne*. La chaîne y fut déposée, et elle y est encore, après avoir reçu les hommages de toutes les générations qui se sont succédées depuis le ve siècle. Cette église a un portique à cinq arcades, l'intérieur se compose de trois nefs séparées par vingt-deux colonnes antiques. Nous avons admiré près de la sacristie la grandiose statue de Moïse, par Michel-Ange. Le législateur des Hébreux est assis, son visage est farouche, son front orné de deux cornes naissantes. Il ressemble plutôt à un brigand qu'au chef du peuple de Dieu ; cependant il est impossible de ne pas être frappé par ces traits imposants, malgré les proportions colossales qui les distinguent ; les mains et les bras sont extrêmement beaux, et rivalisent avec les plus sublimes productions de l'art antique ; c'est ce que nous disait un connaisseur et artiste distingué qui se trouvait avec nous. Nous suivîmes la foule dans la sacristie, où l'on nous fit vénérer les chaînes de saint Pierre, auxquelles se trouvent quelques anneaux de celle de saint Paul. Le gardien ouvrit une chaînière et nous la mit au cou ; nous reçûmes là les pouvoirs de *brigitter* les chapelets, et beaucoup d'entre nous se mirent de la confrérie des chaînes de saint Pierre, érigée par Pie IX au moment des plus terribles épreuves de son pontificat. Comme c'était un jour consacré à cette cérémonie, beaucoup de pèlerins étrangers qui se trouvaient là baisèrent en même temps que nous ces insignes reliques, et on les leur passa pareillement autour du cou.

Malgré la pluie, nous sommes allés de là jusqu'à l'autre extrémité de la ville pour visiter *Sainte-Marie in via lata*. C'était son église souterraine et la chambre qu'habita saint Paul qui nous y attiraient. L'intérieur de cette église se divise en trois nefs séparées par des colonnes de marbre antique recouvertes en jaspe de Sicile. Nous n'y avons vu de remarquable que la célèbre image de la Sainte Vierge, attribuée à saint Luc, et que l'on y conserve avec un soin tout religieux, surtout depuis une guérison surprenant à la suite de laquelle saint Léon III la couronna. L'église souterraine de *Santa-Maria in via lata*, d'après une antique tradition, serait la maison de Martial, le soldat chargé de la garde de saint Paul, où l'apôtre fut enfermé pendant deux ans. Saint Pierre et saint Luc y séjournèrent également et y prêchèrent l'Evangile. C'est là qu'autour de saint Paul se pressèrent tous ces ardents disciples qu'il nomme dans ses épîtres. Les courtisans même de Néron et ses parents *Flavius Clemens* entr'autres, et Domitille, son épouse, s'y rendirent aussi et se convertirent à sa parole. Deux escaliers conduisent à la prison de saint Paul, qui a été convertie en deux chapelles : c'est dans la deuxième que l'on remarque la colonne surmontée d'un vase avec cette inscription : « La « parole de Dieu n'est pas enchaînée. » La tradition affirme qu'avant sa conversion, Martial attachait à cette colonne saint Paul et ses compagnons. En avançant on voit à droite la source d'eau que l'apôtre fit jaillir pour baptiser Martial et plusieurs autres catéchumènes. L'eau limpide de cette source reste toujours au même niveau, et, pendant l'octave des saints Apôtres, les romains, comme nous l'avons fait nous-mêmes, viennent s'y désaltérer par dévotion. Celui qui nous servait de guide nous fit encore observer que c'est de cette chambre, qu'habita saint Paul à Rome, qu'il écrivit sa lettre aux habitants de Colosse, et sa magnifique épître aux Hébreux.

En revenant et passant sur la longue place des Saints-Apôtres, nous avons visité sa large et somptueuse église, remarquable par les riches draperies et tentures qui la décorent, et où le Saint-Père doit aller mardi prochain, veille de l'ouverture du Concile, implorer la toute-puissante intercession des douze apôtres. Neuf arches ouvrent le portique ; l'intérieur est à trois nefs et présente un aspect fort imposant. C'est dans cette basilique que se voit le tombeau et la statue de Clément XIV, que Canova a représenté, étendant la main pour bénir et protéger. Ce fut ce Pape, comme tu le sais, qui crut devoir supprimer la compagnie des Jésuites, à la prière de plusieurs princes de l'Europe. Mais il ne survécut que peu de jours à cet acte qui lui avait tant coûté! Fut-ce providentiel ou accidentel?

Les Jésuites et leurs ennemis en ont écrit bien long là-dessus. Et de cela, comme de bien d'autres faits et secrets historiques, Dieu seul a la clef!

Encore un prédicateur en plein vent et sous la pluie, monté sur une chaise, à la porte d'un café, entouré d'une croix et de deux torches allumées. Après sa prédication, les auditeurs (100 hommes environ) ont pieusement chanté un cantique dont le sujet était la grande affaire du salut. Dans cette journée presque constamment pluvieuse, toutes les rues de Rome ont été un véritable cloaque de boue et d'eaux fangeuses. Laisse-moi te dire, en finissant cette lettre, un mot de mes impressions particulières.

Toutes les églises de Rome, tellement nombreuses que l'on ne fait point vingt pas sans en rencontrer une, toutes ces églises, bâties à peu près dans le même genre, où l'or, l'argent, les pierreries précieuses, les marbres les plus rares, la statuaire, la peinture, les mosaïques sont prodiguées au-delà de ce que peut concevoir l'imagination humaine, où les faits les plus merveilleux comme les plus intéressants et les plus édifiants sont admirablement retracés aux yeux sur les murailles ou sous des voûtes splendides; toutes ces églises à l'intérieur m'ont surpris et fait un immense plaisir; mais leur extérieur, souvent plus que commun, ressemble à de véritables casernes, quelques-unes par leurs fenêtres étroites et percées sans goût, n'ont l'air que de vraies capucinières. Les chats et les chiens y ont droit de cité. J'en excepte la grande basilique de Saint-Pierre sur la porte de laquelle se lit une pancarte qui leur en interdit l'entrée. Les mendiants, sous toutes les formes et sous tous les habits (c'est ce qui nous a le plus choqués, la soutane et l'habit religieux étant en France si respectables et si respectés!) les mendiants, dis-je, sous toutes les formes et sous tous les habits pullulent aux abords des églises. Les monuments antiques, tels que les arcs-de-triomphe, les colonnes, les obélisques, les fontaines, ce célèbre aqueduc (mille fois plus vieux *que les ponts de Rouen*) qui les entretient, ce qui reste des Thermes et des palais des Césars, intéressent au plus haut degré et ravissent autant qu'ils étonnent les yeux du voyageur. Les villas sont de véritables jardins de Versailles, et quelques-unes les surpassent.

Mais la population romaine, mais les maisons, mais l'intérieur des ménages, mais le costume éraillé, pauvre et bariolé des femmes, mais le piètre accoutrement des ouvriers et des paysans, le piteux attelage des chevaux et des mulets, leurs charrettes primitives avec la capote déguenillée qui sert d'abri au conducteur et qui, semblable à l'aile du fameux meunier sans souci :

Peut tourner du côté que vient souffler le vent.

Tout cela nous a confondus, et paraît étrange et reculé de dix siècles au moins, à qui vient à Rome pour la première fois ! Les Romains sont très sobres et très simples, se contentant du strict nécessaire pour la nourriture et le vêtement ; il me semble te l'avoir déjà dit : chez eux, tout pour les yeux, rien pour le reste du corps. — Les deux tiers de la population masculine portent la soutane ou l'habit religieux ; les enfants eux-mêmes qui fréquentent les écoles ou les colléges sont revêtus de l'habit des prêtres ou des religieux qui dirigent ces divers établissements ; c'est pourquoi l'on rencontre tant de petits marmots habillés de rouge, de blanc ou de gris, et coiffés du tricorne sacerdotal, ce qui fait le plus singulier effet aux Français, habitués à ne voir porter l'habit religieux qu'aux seuls personnages graves et sérieux de leur pays.

Ne sachant plus à qui m'adresser pour faire parvenir le travail de M. l'abbé Guérard, dont je te parlais à Rouen et qui m'a paru ainsi qu'à d'autres d'un intérêt assez sérieux, je me suis enfin, sur l'avis de deux monsignori et de cinq autres prélats, décidé à le remettre à notre évêque Mgr Hugonin, qui m'a promis dans la soirée d'hier de le lire attentivement et de s'en occuper de la manière la plus active.

Je te quitte pour aller aujourd'hui dimanche à la grand'-messe de Saint-Pierre, à Saint-Laurent hors les murs et au sermon qui va être prêché à trois heures à Saint-Louis-des-Français par le père Petétot, prêtre de l'Oratoire.

Adieu, cher Edouard, je tâcherai mardi prochain de battre un peu monnaie sur le temps de mon sommeil pour trouver le moyen de payer ma rente épistolaire.

Toujours affectueusement à toi et aux tiens.

12ᵉ Lettre.

Rome, mardi 7 décembre 1869.

Mon cher Édouard,

C'est sous le coup d'une impression dont le souvenir ne s'effacera jamais que je commence cette lettre. Je viens d'être témoin d'un ovation dont le Souverain Pontife a été l'objet sur la place des Saints Apôtres ; et tout ce que les journaux t'en diront ne pourra t'en donner une juste idée. Il faut voir un pareil spectacle pour y croire. Mais fidèle à la consigne que je me suis rigoureusement imposée, je vais encore une fois reprendre mes notes pour ne point anticiper sur les événements.

Dimanche 5 nous assistions à la messe de Saint-Pierre, mais le Pape n'y était pas, il se trouvait à la chapelle sixtine avec ses prélats ; et, comme d'ailleurs il n'y eut rien de remarquable, passons...

Entre la messe et les vêpres, nous nous rendîmes à Saint-Laurent hors les murs. Cette basilique de Saint-Laurent a subi depuis quelques années de considérables changements et améliorations, et est encore en voie de réparation. Son intérieur se divise en trois nefs soutenues par vingt-deux colonnes ioniques de granit égyptien de différents diamètres, parce qu'ils proviennent de divers monuments. Au fond de l'abside se trouve la chaire épiscopale, en face le maître-autel, toujours sur la même ligne la confession des saints Laurent et Etienne, dans laquelle on peut descendre et circuler autour des tombeaux, qui sont d'un très beau marbre autant du moins que je puis me le rappeler, sous le portique des peintures représentant les faits de la vie de saint Laurent et de saint Etienne. On voit saint Laurent étendu sur un gril rougi au feu, sa figure est rayonnante, il prie pour ses bourreaux et pour la conversion de Rome. Son martyre eut lieu le 10 août l'an 258, sur le mont Viminal, où s'élève aujourd'hui l'église *San Lorenzo*.

Près de cette basilique est le nouveau cimetière de Rome, considérablement agrandi et orné par Pie IX et parfaitement entretenu. C'est un des plus vastes et des plus intéressants cimetières que j'aie jamais visités. On y voit à perte de vue une forêt de simples croix de bois sur lesquelles une modeste inscription en ferblanc indique le nom et la place du pauvre défunt. Les fosses sont à fleur de terre mais non *tombées* comme dans nos cimetières français. Les concessions à perpétuité et chapelles ou caveaux funèbres des grandes familles y sont nombreuses et artistement travaillées, mais les signes et les sentiments de foi et d'espérance chrétiennes en font le principal ornement. Nous avons visité avec attendrissement la grande portion de terrain où reposent les nombreux soldats français et étrangers qui succombèrent à Mentana et à Castelfidardo : nous avons même cueilli sur leur tombe des souvenirs que nous garderons précieusement. Ce cimetière n'est point païen comme celui de nos grandes villes ; tout autour on voit les stations du chemin de la croix, pratique si consolante pour les vivants et si fructueuse pour les morts. De tous temps les Romains ont eu une dévotion extrême pour cette basilique de saint Laurent ; la foule s'y porte surtout les mercredis de très grand matin afin d'y faire célébrer des messes pour les défunts.

Puisque nous sommes sur ce chapitre, voici ce que Monsignor Sivet nous racontait l'autre soir chez M. de Sesseval sur la manière dont on traitait à Rome les moribonds et les morts. Dès qu'un malade est absolument condamné par les médecins, ses parents s'éloignent de lui et de la maison, et le prêtre ou le religieux s'approche pour le préparer à la mort. Une fois décédé, son corps est enveloppé d'un drap mortuaire et porté par les frères de charité dans son église paroissiale, où il est déposé sur le pavé et y passe la nuit entière ; on récite quelques prières avant de l'abandonner et le lendemain de grand matin, après l'avoir enfermé dans son cercueil, on l'enlève sur un corbillard et on le conduit à San-Lorenzo. Mais avant de l'inhumer on le laisse encore un jour ou deux dans la chapelle du cimetière, puis enfin l'on confie sa dépouille à la terre. Au sortir du cimetière, nous entrâmes dans la sacristie pour vénérer les reliques de saint Laurent et de saint Etienne, notamment l'une des pierres avec lesquelles on a lapidé l'un d'eux et quelques gouttes de son sang figé conservé dans des fioles de verres assez curieuses. De San Lorenzo nous apercevions la longue chaîne de montagnes situées à l'est de Rome, complètement couvertes de neiges, bien qu'un chaud et radieux soleil répandît ses feux sur leurs cîmes. Ce qui, je t'assure, nous effraie un peu pour notre retour en France.

A trois heures nous étions à Saint-Louis-des-Français après avoir, dans presque toute sa longueur, traversé la ville de Rome, au milieu de sa population endimanchée et en promenade. Quelle surprise et quelles jouissances nous étaient réservées dans cette église ! Nous y entendîmes en effet chanter les vêpres comme on les chante dans nos cathédrales françaises et prêcher dans une langue que l'on ne nous parlait plus depuis Marseille. Le prédicateur se servit du texte de l'Evangile de ce deuxième dimanche d'Avent : *Qu'êtes-vous allés voir dans le désert? Un roseau agité par le vent,* pour flétrir la faiblesse de certains catholiques d'aujourd'hui qui ont peur d'affirmer leur foi en face du monde, et pour indiquer où se trouve la véritable force chrétienne. Puis il a terminé en disant un mot de la prochaine ouverture du concile : « Le Saint-
« Esprit, a-t-il dit, habite ou plutôt plane ordinairement
« au dessus du Vatican sur une seule tête et illumine une
« seule intelligence ; mais au concile, mais au moment du
« concile il planera sur le cœur et illuminera l'esprit de tous
« les princes de l'Eglise ; et de ce concile sortira, c'est
« sa profonde conviction, non pas un dogme nouveau (l'E-
« glise n'a pas le droit d'en inventer), mais la proclamation
« solennelle, unanime et définitive d'une grande vérité,
« qui n'a jamais cessé d'être pratiquement reconnue dans
« tous les siècles. Il n'est pas fâché, a-t-il ajouté en ter-
« minant, des discussions, des dissidences, et de toutes
« les timides appréhensions qui ont eu lieu à ce sujet avant
« l'ouverture du concile, et dont les feuilles publiques
« de tous les pays se sont fait l'écho ; car c'est pour lui
« et pour bien d'autres une raison péremptoire de résou-
« dre une bonne fois la question et d'en finir avec tous

« les malentendus. » — L'église Saint-Louis-des-Français était comble : vingt prélats au moins s'y trouvaient réunis au milieu d'un grand nombre de prêtres, de zouaves pontificaux, d'hommes et de dames françaises que leur gracieux maintien et leur mise élégante font si facilement reconnaître parmi les femmes anglaises ou américaines à l'air guindé et aux toilettes impossibles. Nous nous croyons-là en pleine patrie. Le latin des vêpres se prononçait comme en France, l'orgue comme en France jouait seul ses versets, le *Tantum ergo* de nos bénédictions a été entonné comme dans toutes nos églises : aussi toutes nos voix le chantaient avec enthousiasme et vigueur.

A l'issue de cette belle et bien agréable cérémonie, dîner suivi d'une soirée musicale chez M. de Sesseval dont M. le curé de Villers-sur-Mer m'avait fait faire précédemment l'honorable connaissance. Mgr Sivet, camérier de Sa Sainteté, qui s'y trouvait avec nous, a fortement engagé ceux de nos compagnons qui n'ont point eu d'audience encore, à forcer la consigne, comme j'ai eu le bonheur de pouvoir le faire samedi. — Il nous a fait grandement plaisir, en nous racontant les détails les plus intéressants sur la vie privée de Pie IX, sur sa pauvreté, sur sa simplicité (c'est lui-même qui fait son lit), sur son humilité, sur les impatiences que lui occasionne l'importune et téméraire vénération dont les chrétiens entourent sa personne.

Il s'est quelquefois aperçu qu'on lui volait ses vieilles soutanes, ses cheveux, etc., etc., pour conserver tout cela comme de pieuses reliques : Alors il s'est fâché tout rouge une bonne fois et, usant de ses pouvoirs spirituels, il a défendu, sous peine d'excommunication, de semblables larcins. Tout le monde le croit un saint et le regarde comme tel, mais sa profonde humilité juge tout autrement de sa personne. Sa conversation est continuellement assaisonnée de railleries fines et qui feraient quelquefois rire aux éclats si les heureux auditeurs l'osaient. Exemple : Il y a de cela deux ou trois ans, tu te rappelles peut-être que tous les voyageurs et tous les journaux venant de Paris, faisaient allusion à je ne sais quel fait, disaient et répétaient sans cesse sur tous les tons, dans toutes les gares et sur toutes les places, cette sotte et assommante fadaise : « As-tu vu Lambert ? Lambert, « l'as-tu vu ? Tu reviens de Paris, as-tu vu Lambert ? « As-tu vu Lambert ? » Or, en ce temps-là, plusieurs Parisiens avaient été admis à l'audience du Saint-Père, et Pie IX demandait à tous, leur nom et leur patrie. « Je « suis Français et de Paris, s'empressa de répondre le « moins timide, et je m'appelle Lambert. » — « Ah ! « vous vous appelez Lambert, » répartit le Saint-Père en lui souriant d'un air tant soit peu malin : « Je ne suis « plus alors étonné que l'on vous demande et que l'on « vous cherche tant à Paris et en France, *puisque vous* « *êtes à Rome.* » — Une autre fois, l'ambassadeur de France dînait au Vatican et Pie IX, sur la fin du repas, engageait M. de Banneville à prendre le café comme on le prend en Bretagne : puis, faisant allusion à l'histoire du curé breton, à qui il donnait récemment audience et dont ils s'étaient l'un et l'autre beaucoup amusés : « Monsieur « l'ambassadeur, lui dit-il, mélangez donc d'un peu de « cognac, et ne craignez rien ; nous n'avons pas ici le « terrible curé de l'autre jour qui prêche et fulmine si « fort contre ses paroissiens trop grands amateurs du « *gloria.* »

Mgr Sivet nous intéressa beaucoup encore sur la manière surannée dont la justice se rend à Rome. Les lenteurs et les longueurs des procès sont assurément un moyen efficace pour en dégoûter à jamais : Eh bien ! c'est ce moyen qu'on emploie dans la ville éternelle. Dernièrement les jésuites y achetèrent une grande maison pour loger des étrangers à l'époque du Concile, et signifièrent à chacun des locataires leur titre de propriété et l'ordre de déloger. Mais les locataires ont fait la sourde oreille. Tous les moyens et rigueurs de la justice ont été mis en réquisition, et le tout sans succès : On a démoli les escaliers, les locataires se servent d'échelles ; on a démonté et enlevé les fenêtres, les locataires couchent à la belle étoile : et il en sera ainsi jusqu'à ce que les locataires trouvent à propos d'aller chercher un gîte ailleurs. Les jésuites, qui savent bien « qu'à Rome tout vient à « point à qui sait attendre, » se résignent et espèrent que ces obstinés locataires finiront par céder.

L'un de nous se permit de blâmer, devant un romain, l'inertie du gouvernement papal, la malpropreté des rues, le pitoyable état des chemins, etc., etc; et il ajouta qu'au moyen de l'établissement des octrois l'on remédierait facilement à tous ces graves inconvénients ! Voici, nous dit ce Romain, ce que le pape répond à toutes ces récriminations dont on l'obsède chaque jour : « Vous voulez que « j'établisse des octrois à Rome, au moment où tous les « peuples de l'Europe en demandent à grands cris la « complète abolition. Non, Rome n'aura point d'octrois « qui ne profitent qu'aux riches et qui, en définitive, ne « sont généralement payés que par le pauvre peuple « consommateur. » — L'on se permit encore de comparer les diverses administrations de Rome et de France, en laissant bien entendu la supériorité à cette dernière ; on rappela les tentatives de la dynastie napoléonienne pour mettre Rome à la hauteur des autres gouvernements. Mais voilà notre Romain qui se fâcha pour de bon. Ne m'en parlez pas, nous dit-il. J'aurais trop de récriminations à faire à votre gouvernement, car le peu de bien qu'il nous a fait ne compensera jamais le mal qu'il a laissé faire.

Nous n'étions pas chez nous et le Romain était chez lui ; c'est pourquoi nous changeâmes le sujet de la conversation afin de nous retirer aussi bons amis que nous étions entrés.

Hier lundi 6 décembre, nous avons eu une journée bienheureuse et bien belle ; un soleil chaud et radieux comme il en luit seulement sur Rome dans les mois d'hiver. Je remarque que le jour vient ici plus vite qu'en Normandie.

En effet, dès six heures du matin, j'étais hier dans les rues (car je tenais à connaître la physionomie de cette ville à toutes les heures de la journée), et il faisait déjà très beau jour. Les rues étaient remplies d'ouvriers, les places et les marchés de paysans coiffés du chapeau pointu, enveloppés d'un manteau de drap dont la primitive couleur se perd dans la nuit des temps, et chaussés de pauvres sandales dont les cothurnes ou bandelettes bariolées circulent autour des jambes et montent jusqu'aux genoux. Les cafés se garnissaient déjà de consommateurs en habit bourgeois et en soutanes, qui buvaient et lisaient les journaux.

Comme il y avait à Saint-Louis-des-Français plus de vingt-cinq prêtres qui, depuis cinq heures du matin, attendaient leur tour pour y dire la messe, j'allai tout près de là, à *Santa Maria di campo mars* pour y célébrer la mienne. Je rencontrai là bon nombre de prêtres et d'évêques orientaux qui célébraient la leur de la plus singulière manière. Au lieu de chàsubles, ils étaient revêtus de chapes aussi remarquables par la forme des dessins que par la richesse des étoffes.

En arrivant devant l'autel, ils inclinent la tête durant un temps assez long, font comme nous une espèce de confession, montent ensuite les degrés de l'autel. Le célébrant et le clerc chantent l'un après l'autre et quelquefois l'un avec l'autre, des prières qui me paraissaient écrites en grec ou syriaque. Contrairement à nos usages, le célébrant lit son petit missel en commençant par la fin et en finissant par le commencement. Plusieurs fois il quitte l'autel pour aller baiser l'anneau pastoral d'un évêque ou archimandrite qui se trouve dans une stalle voisine. Leur chant ou psalmodie faisait passablement rire de nombreuses fillettes romaines que la curiosité plutôt que la piété conduisaient à ces messes ; et je t'assure que moi-même j'étais dans un complet étonnement en entendant ces voix discordantes priant et chantant des airs qui ne ressemblent à rien de ce que nous connaissons.

Quelques-uns de nos compagnons désiraient faire bénir tous les objets de piété et les souvenirs qu'ils rapporteraient de Rome ; cela nous fournit l'occasion de passer notre matinée au Vatican, dans la grande salle qui sert de salle d'attente aux heureux personnages qui doivent être présentés au Saint-Père. Nous assistâmes là au défilé d'une deuxième série de prélats italiens (le samedi précédent j'avais vu la première) : on voit bien que le gouvernement de Victor-Emmanuel les a mis à la portion congrue, car leurs tristes mines et leur pauvres habits sont loin de ressembler à l'aisance et au riche accoutrement des évêques américains, irlandais et de tous les autres pays de l'Europe.

Ce défilé dura fort longtemps à cause des tentatives nombreuses, mais toutes infructueuses, que faisaient grand nombre de prêtres étrangers pour se faufiler avec quelques-uns de ces prélats, dont *ils voulaient être absolument les grands vicaires*. Aux abords des appartements du Saint-Père, les suisses étaient sur les dents pour empêcher de forcer la consigne, et ils ont fini par se montrer fort sévères contre les entreprenants et notamment contre les prêtres français ; et, en vérité, ils n'avaient pas tort ; car la pétulance des uns et l'entêtement des autres devenaient insupportable. Hier encore, nous a-t-on dit, un prêtre français mécontent d'un suisse qui ne voulait point le laisser approcher, s'est permis de lui appliquer un bel et bon soufflet en pleine figure.

On a, comme de raison, poursuivi l'insolent qui fort heureusement pour lui s'est esquivé dans la foule, sans quoi il eut passé la nuit au violon. — Cette fâcheuse affaire a tellement déconsidéré le rabat français dans les salons du Vatican que le père Pététot, qui prêchait hier à Saint-Louis et qui est venu s'entretenir un instant avec nous, en attendant son tour d'audience, a cru devoir ôter son rabat pour passer plus facilement au milieu des suisses.

Un camérier, à qui mes compagnons avaient confié leurs objets de piété à bénir est venu à nous, suivi d'un valet de chambre portant ces objets dans un plateau d'argent ; et, sur les vives instances de chacun de nous, car tous nous avions si grande envie d'approcher du Saint-Père, qu'il a fini par nous indiquer un moyen de le voir de très près ; moyen dont nous avons largement usé l'après-midi, comme tu le verras.

Tous les valets de chambre du Saint-Père sont habillés de rouge, sauf la cravate blanche ; habit, gilet, culotte en étoffe de soie rouge et à grands dessins ramagés comme on en fabrique à Damas ; ils sont continuellement occupés à présenter des objets à bénir et à introduire les étrangers aux pieds du Saint-Père ; et quand ils ne font pas l'une ou l'autre de ces deux choses, ils prisent ;

Car que faire en faction à moins que l'on ne prise ?

C'est dans l'appartement voisin de celui du Saint-Père

qu'ils exercent ordinairement cette faction. Dans la grande salle d'attente, quinze ou vingt suisses habillés comme de vrais arlequins et armés d'une hallebarde, sont toujours en sentinelles également où le Pape se trouve et par où il doit passer. C'est eux qui sont préposés à la garde du Saint-Père et du Vatican pour l'intérieur : quand à l'extérieur et à ses abords, ce sont les gendarmes pontificaux et dans les cérémonies les zouaves qui en sont chargés ainsi que la garde palatine.

A trois heures et demie, suivant les aimables indications du camérier dont je te parlais plus haut, nous nous sommes trouvés en excellente position de voir longtemps et de très près le Saint-Père; il est sorti de ses appartements son chapeau blanc à la main, revêtu d'une soutane et d'un camail blancs. Nous l'accompagnions de côté, il nous a souri, il nous a béni, nous nous sommes empressés de le suivre dans les escaliers, sous les arcades et jusque dans la cour du Vatican, où il est monté en voiture au milieu d'une multitude de spectateurs émus et à genoux qui formaient une épaisse couronne de têtes humaines et qui faisaient entendre les cris mille fois répétés de *Vive Pie IX*.

Sa voiture, trainée par six chevaux richement caparaçonnés, était précédée, accompagnée et suivie de ses éclaireurs à cheval. En passant au milieu des trente ou quarante mille étrangers qui se trouvaient sur son passage à la grande place Saint-Pierre, il a dû tressaillir en entendant le formidable houra de bonheur, d'allégresse et de souhaits à la longue vie de celui qui est (je ne puis m'empêcher de le répéter) le plus grand et le plus aimé des souverains de l'Univers. Il se rendait sur l'emplacement de l'exposition universelle de Rome pour en visiter les travaux préparatoires.

Nous sommes patiemment restés pour attendre son retour sur la place et dans la grande basilique de Saint-Pierre, où nous trouvons toujours quelque nouveau chef-d'œuvre à admirer. A cinq heures et demie, nous avons revu le Saint-Père, nous nous sommes encore inclinés sous sa bénédiction, nous l'avons suivi au pas de course et par des escaliers dérobés pour assister à sa descente de voiture, ou une troisième et non moins formidable acclamation l'attendait, ce dont il paraissait aussi heureux que nous. J'ai eu déjà, je crois, l'occasion de te le faire remarquer, sa marche à pied est lourde, il semble courbé sous le poids de l'âge. En entrant dans son appartement, comme il répandait ses dernières bénédictions avec une certaine énergie provoquée par notre enthousiasme, ou peut-être désirant en finir promptement, il a perdu l'équilibre et serait tombé sans le secours d'un heureux spectateur qui l'a reçu dans ses bras. Il a ri de tout son cœur de cette feinte inattendue et a serré cordialement le bras de son protecteur tout triomphant de cette bonne fortune. Au milieu des grandes cérémonies, il paraît beaucoup plus solide et beaucoup plus majestueux que dans ses marches à pied qui semblent lui être pénibles et où on le voit se voûter davantage. — Mais c'est égal ! quelle douce, quelle sympathique, quelle vénérable, quelle fraîche et bonne figure !

Un grand personnage qui le voit souvent et de très près nous disait hier au soir que, sauf quelques infirmités extérieures, il a une santé à vivre plus de dix ans encore.

Ensuite de cela visite à l'ambassade et à Mgr l'évêque de Bayeux, qui comme toujours m'a gracieusement accueilli, et à qui il a fallu raconter en détail tout ce qui m'a le plus intéressé à Rome. Résumant tous les soirs l'emploi de mes journées pour t'en faire part en temps opportun, tu comprends comme il m'a été facile de répondre à ses questions : aussi a-t-il eu la bonté de me dire :

« Allons, monsieur le curé, je vois que vous n'avez pas
« perdu votre temps, et que votre voyage ne sera pas inu-
« tile. » Cette réponse m'enhardit, et c'est alors que je lui racontai comme quoi, par l'extrême obligeance de trois évêques irlandais, j'avais pu, le samedi précédent, approcher du Saint-Père ; puis, je lui ai parlé de l'admirable office auquel nous avions assisté à Saint-Louis-des-Français. « C'est le père Pététot qui a prêché, me demanda-t-
« il ? » Oui, lui répondis-je, et je lui fis l'analyse de ce sermon, et lui répétai presque mot pour mot sa remarquable péroraison.

Le soir, après dîner, au cercle de la Minerve, j'ai eu le

bonheur de rencontrer un gai et très aimable compatriote, le docteur Constantin James, dont la réputation est européenne, et que toi et moi avons, dans notre enfance, vu si souvent chez M. Mutel, à Bayeux. Il revenait d'Egypte, de l'inauguration du canal de Suez. Il conversait de la plus agréable et de la plus intéressante manière avec deux ou trois Français auprès desquels je lisais un journal de Paris. De temps en temps, je le voyais jeter un coup d'œil sur mon rabat et ma personne, et souvent nos regards se rencontraient, car je le reconnaissais fort bien, et lui paraissait scruter ses souvenirs. Enfin, intrigué au possible, et de mes regards et de mon silence, il s'adresse à moi à brûle-pourpoint : « Mais vous êtes prêtre français, et vous sem-
« blez me connaître? » Oui, Monsieur, lui répondis-je.
« Quelle partie de la France habitez-vous, ajouta-t-il? »
« La Normandie, lui dis-je à mon tour, et le diocèse de
« Bayeux. Dans cette ville, continuai-je, il y a une rue
» qui s'appelle la rue Franche; dans cette rue, une mai-
« son qu'habitait, il y a trente ans, M. Victor James et ses
« quatre enfants : l'aîné, M. Constantin, l'un des premiers
« médecins de Paris (il ouvrit deux grands yeux très sa-
« tisfaits); le second, M. Charles, actuellement régisseur
« de belles et aristocratiques propriétés; la troisième, un
« ange, qui est allée au ciel; le quatrième, M. Léon, que
« j'ai complètement perdu de vue et qui, malheureuse-
« ment..... » A l'instant même il se lève et, me prenant par le bras : « Ah! me dit-il en m'interrompant, il faut, à
« votre tour, me dire qui vous êtes, et nous allons certai-
« nement renouveler bonne connaissance. » Il m'entraîna dans la cour de la Minerve; je satisfis sa curiosité. Il m'engagea fortement à prendre la même voie que lui pour revenir en France; mais déjà nos projets de retour sont arrêtés et je ne puis les changer.

En somme, comme tu le vois, la journée d'hier lundi s'est bornée à nous rendre compte de l'intérieur du Vatican, à parcourir quelques-uns des musées que nous n'avions pu visiter, à contempler à plusieurs reprises la personne auguste du Saint-Père, et à recevoir le plus de fois possible sa paternelle bénédiction. — Tu ne peux te faire une idée de l'amour que ce bon Pie IX inspire non-seulement aux nombreux étrangers, mais encore aux Romains eux-mêmes qui, pourtant tous les jours, peuvent jouir de sa royale présence ! Hier, on nous racontait à l'ambassade qu'il y a quelques mois, en revenant de Sainte-Agnès, où il va tous les ans remercier Dieu d'une grâce toute spéciale..... (Je vais t'en faire l'histoire et finirai ma phrase plus loin.)

« Dans une visite que Sa Sainteté Pie IX fit au couvent et à la basilique de Sainte-Agnès, hors les murs, en 1854, le plancher qui supportait toute l'assemblée s'écroula tout-à-coup avec un fracas épouvantable sans néanmoins faire aucune victime. Sa Sainteté, voulant témoigner à Dieu sa reconnaissance pour avoir échappé à un si grand danger, ordonna la restauration de la basilique aux frais de sa cassette particulière. Et chaque année, le 12 avril, on célèbre l'anniversaire de cet événement, qui coïncide avec la date du retour de Gaëte » ..... Donc, en revenant de Sainte-Agnès remercier Dieu de cette grâce toute spéciale. A la place de la Minerve, centre de la ville, la foule des Romains était si heureuse, si transportée qu'ils voulurent dételer sa voiture et la traîner eux-mêmes. Pie IX s'y opposa vivement et les menaça d'aller à pied s'ils persistaient. Mais, aussi pour l'en punir, ils l'ont littéralement inondé d'une pluie de fleurs, de bouquets, l'ont assourdi des *vivats* les plus vigoureusement exprimés, et l'ont forcé à mettre trois longues heures pour se rendre au Vatican, c'est-à-dire à parcourir une longueur d'un kilomètre environ.

Quel bon père ! quel bon roi ! quel saint Pontife ! Rien ne l'étonne, rien ne l'effraie ; il sourit toujours à quiconque l'approche, gémit quelquefois, mais ne s'irrite jamais à la vue des grandes défaillances. On lui prête cependant un mot au sujet de l'inconcevable lettre que Mgr Dupanloup a cru devoir adresser à tous les évêques présents ici. Ce mot, je te le répète, non comme authentique, mais parce qu'il court les cercles et les salons : « Je ne suis point « étonné de cette lettre, » a-t-il dû répondre, « Mgr d'Or- « léans n'a-t-il pas pour patron saint Jean *décapité?* »

Si les grandes défaillances ne le déconcertent pas, les grandes iniquités trouvent en lui un censeur inexorable,

et quelque puissants que soient les coupables, il leur parle en maître et saisit sans crainte l'occasion de les signaler et de les flétrir. « Votre frère, » disait-il la semaine dernière à la reine de Wurtemberg, qui se trouvait à Rome et recevait une audience du Saint-Père, « votre frère, l'Empe-
« reur de toutes les Russies, continue à être le bourreau
« de la Pologne, le geolier de mes évêques et le persécu-
« teur de mes enfants catholiques ; allez lui dire de ma
« part, puisqu'il ne m'est plus possible de correspondre
« avec lui, que je l'attends devant son Dieu qui est aussi
« le mien, et qui tôt ou tard punit les grandes iniquités de
« si haut qu'elles viennent ? »

Ce matin, 7 décembre, mardi, nous sommes retournés au Capitole, et j'ai eu la satisfaction de célébrer la messe sur l'autel de la chapelle circulaire de Sainte-Hélène, dans la grande église de l'*Ara Cœli*, dont je t'ai déjà si longuement parlé. Le camérier du Saint-Père, à qui j'avais laissé mon offrande samedi dernier, et à qui j'avais demandé certains pouvoirs spirituels, m'avait indiqué qu'à l'église de Saint-Pierre-aux-Liens et à celle de l'*Ara Cœli* j'obtiendrais, sur sa recommandation, les faveurs que je sollicitais pour moi et quelques amis. Muni de ces pouvoirs, je suis allé (c'est toujours la condition *sine qua non*, c'est-à-dire *indispensable*) les faire signer de mon évêque, et lui donner des nouvelles de ce bon M. Mabire qui, depuis son arrivée à Rome, est assez sérieusement malade d'une velléité de fluxion de poitrine. Il est un peu mieux aujourd'hui, mais il lui est absolument interdit par le médecin de sortir et de dire la messe ; de sorte qu'il ne pourra, demain, assister à l'ouverture du Concile.

J'allais, à mon retour, me pourvoir de mon frugal déjeuner, lorsqu'on m'a fait observer qu'à cause de la fête de demain, il y avait un jeûne des plus rigoureux et une abstinence plus rigoureuse encore, puisqu'en pareil vigile, nous dit-on, le beurre, le lait et le fromage même sont interdits ; c'est l'huile seule, en ces jours, qui a le droit et l'honneur d'entrer dans le corps humain. Il a donc fallu se contenter d'un morceau de pain et de quelques marrons.

Mais j'ai été amplement dédommagé de cette pénitence

par une lettre de Mme de Banneville, qui me demandait chez elle pour me charger de commissions à l'adresse de ses amis de Normandie ; petit service qui m'a valu l'occasion et les moyens, par elle, d'assister, pour ainsi dire, aux premières loges à la splendide ovation que l'on a faite au Saint-Père, tout près de l'ambassade, sur la longue place des Saints-Apôtres ; ovation dont je te disais un mot au commencement de cette lettre.

Depuis le Vatican jusqu'à cette place des Saints-Apôtres, toutes les rues étaient sablées, et, à toutes les fenêtres des palais, de riches tentures flottaient au vent. Plus de 150,000 Romains et étrangers étaient là dans l'attente. A quatre heures d'après-midi, un frémissement tumultueux agita cette foule immense ; c'était le Saint-Père qui arrivait, précédé de ses éclaireurs, des voitures des cardinaux, et escorté de ses gendarmes à cheval.

La plus vraie, la plus enthousiaste manifestation de joie s'est alors produite, et dans les rues, et sur la place, et du haut des fenêtres et des balcons ; les mouchoirs s'agitaient, les fleurs pleuvaient, les cris mille fois répétés de *Vive Pie IX, pape et roi,* se faisaient entendre. Cet admirable spectacle, qui m'a ému jusqu'au fond du cœur, et qu'il m'est impossible de te décrire, étonnait au dernier point les *dissidents* que nous avions autour de nous. (Car nous avions sur notre large terrasse des gens de toutes les religions.) Oui, il faut être témoin d'un pareil spectacle pour y croire. Ce bon père, avant de descendre, s'est tenu debout quelques instants sur sa voiture, qui s'arrêtait devant la porte de l'église des Saints-Apôtres ; son doux regard s'est promené sur cet océan de têtes humaines ; il nous a souri du plus paternel des sourires, et nous a bénis de la plus affectueuse de ses bénédictions. En ce moment, l'immense et chaleureuse acclamation, qui s'est échappée de toutes les poitrines, a étouffé le bruit des cloches et l'harmonieuse fanfare de la musique pontificale qui se faisait entendre sous le portique de l'église. De ma vie, je n'avais été témoin d'une pareille ovation faite à un souverain, et qui, pourtant, se renouvelle chaque fois que le Saint-Père sort de son palais.

Entré dans l'église des Saints-Apôtres, c'est lui-même

qui a donné la bénédiction du Saint-Sacrement, après avoir entonné, de son admirable et toute-puissante voix le chant du *Te Deum*. Cette église est grande comme la plus vaste de nos cathédrales, et cependant elle regorgeait de fidèles ; plus de 20,000 personnes en assiégeaient en vain l'entrée. Quand le Saint-Père en est sorti, l'ovation et les manifestations de joie se sont renouvelées avec une non moins vigoureuse énergie et un enthousiasme indescriptible : et, chose remarquable, rien de tout cela n'est de commande, tout est spontané : ce sont des Romains et des catholiques venus de tous les pays du monde qui acclament un père, et ce père ne fait que les bénir. Il ne donne ni or, ni argent ; tout le monde, au contraire, lui en apporte ; l ne donne que sa bénédiction, et l'on vient de 6,000 lieues pour la recevoir. Oh ! non, mon cher Edouard, j'en suis plus que jamais convaincu, le Pape n'est pas que le souverain d'un petit Etat ; c'est bien le roi de l'Univers entier, comme s'en exprimait un jour le grand Napoléon, lorsqu'il disait à l'un de ses lieutenants chargés de la pénible mission de faire un pape prisonnier d'Etat : « Traitez avec le « Saint-Père comme s'il avait 2 ou 300,000 hommes à son « service, car moi je ne suis qu'un roi d'hommes, et lui « est le roi de 200 millions d'âmes. »

C'était également la même réflexion que nous faisions ce soir en rentrant à l'hôtel avec le rédacteur d'un journal de Paris, qui pourtant n'est point l'*Univers*. Je me suis trouvé ce soir à table d'hôte auprès d'un jeune zouave des environs de Rouen, M. de Boishébert, qui a quitté son immense patrimoine et son pays pour devenir l'un des défenseurs du Saint-Père.

Après une quatrième et dernière visite chez Mgr Hugonin notre évêque, où j'ai rencontré M. de Courson, petit neveu de M. d'Argenton, qui lui aussi comme zouave pontifical, veille à la garde de Rome et du Pape, nous sommes allés admirer les splendides illuminations de la ville à l'occasion du concile et de la grande fête de l'Immaculée Conception. C'est donc demain le jour par excellence ! la grande et sublime fête du 8 décembre 1869. Déjà, nous dit la *Correspondance Romaine*, plus de sept cent cinquante évêques sont arrivés ; nous pourrons demain les voir défiler et les compter.

Cette lettre, cher Edouard, va te paraître bien longue et pourtant que je la trouve, moi, courte et pâle devant l'admirable réalité des choses et des faits que je t'y relate.

Je t'embrasse cordialement ainsi que ma sœur et mes nièces.

13ᵉ Lettre.

Rome, mercredi 8 décembre 1869.

MON CHER ÉDOUARD,

Je vais hélas ! dans deux ou trois heures quitter Rome ! Mais quelque pressé que je sois, je veux néanmoins, séance tenante, te rendre compte de la mémorable journée du 8 décembre.

Je vais te commencer cette lettre d'un peu haut, mais c'est afin que tu comprennes plus facilement mes impressions..... Il y a deux mille ans, un vaisseau parti de Syrie jeta sur les plages de Naples un pauvre voyageur qui prit à pied le chemin de Rome. Il s'enveloppait du manteau des Hébreux, sa marche était lente et son front pensif. A le voir, courbé sur son bâton de pèlerin, s'arrêter de loin en loin pour obtenir un verre d'eau ou un morceau de pain de la pitié publique, les passants qui se croisaient avec lui étaient loin de soupçonner que c'était là l'ambassadeur d'un Dieu, et que cet étranger portait dans sa tête une religion qui allait changer la face du monde.

Ce voyageur inconnu c'était saint Pierre, qui avait reçu de Jésus-Christ la primauté d'honneur et de juridiction sur les autres disciples, et qui, pour conquérir ou plutôt pour convertir, au nom de son maître, la plus grande et la plus puissante ville de l'Univers, y venait prendre position à l'avant-garde des martyrs. C'était son droit, ce fut sa gloire !

Je t'ai déjà raconté, cher Edouard, en visitant la prison **Mamertine** et en te décrivant à Saint-Pierre *in montorio* l'endroit de son supplice comme quoi il s'acquitta bravement de cette honorable prérogative.

Tu vas voir maintenant comment Dieu a récompensé son glorieux martyre, et ce qu'est devenue avec l'aide d'en haut et après dix-huit siècles, cette pauvre Eglise dont il était le chef et que l'histoire nous montre si longtemps persécutée, bafouée, ensanglantée et forcée de s'enfouir dans les souterrains humides des catacombes.

Aujourd'hui 8 décembre à neuf heures et demie du matin, date à jamais mémorable dans ma vie, je l'ai vue cette même Eglise de Jésus-Christ et de Saint-Pierre; mais je l'ai vue dans toute sa gloire, dans toute sa splendeur et dans toutes ses magnificences. Le Pape Pie IX, successeur de saint Pierre, profondément affligé des révolutions et des grandes misères morales des peuples, et désireux de réunir autour de lui toutes les lumières du monde pour y apporter un remède sérieux et efficace, a, comme tu le sais, convoqué tous les évêques de l'Univers et près de huit cents se sont rendus à son appel.

C'est pourquoi ce matin, à cinq heures et demie, j'étais à la porte de la grande église de Saint-Pierre où, malgré la pluie qui a commencé à ce moment et qui a malheureusement continué pendant la journée entière, plus de cinq cents personnes assiégeaient déjà les grilles. Comme prêtre, j'ai pu entrer par la sacristie de la grande Basilique, obtenir d'y célébrer la messe et ensuite la possibilité de me choisir la place la plus favorable. Mais à sept heures, à l'ouverture des grilles et des portes de Saint-Pierre, plus de 10.000 étrangers ont fait irruption, et il m'a fallu toute l'énergie de ma force et de ma volonté pour ne pas être entraîné par ce flot humain et ne pas perdre une place si patiemment conquise. La foule grossissait à vue d'œil, l'immense basilique se trouvait complètement envahie du côté et en face de la salle conciliaire (c'est-à-dire la grande chapelle latérale du transept qui à elle seule est aussi vaste qu'une cathédrale) où doivent se tenir les grandes et solennelles assises de l'Eglise. Sous le péristyle de Saint-Pierre, la foule était aussi considérable, parce que la procession partant de la chapelle Sixtine et descendant par l'escalier royal devait parcourir le portique. Je m'étais placé dans l'intérieur de l'église en face de la salle conciliaire, à l'endroit même où le Pape, descendant de la *Sedia gestatoria*, s'arrêterait devant la confession pour y adorer le Saint-Sacrement. C'est là que, debout et horriblement pressé au point de ne respirer qu'à peine, nous avons attendu bravement durant trois heures entières. Pendant tout ce temps-là, plus de 150,000 personnes, restées sur la grande place de Saint-Pierre, faisaient les plus énergiques tentatives pour pénétrer dans la basilique ou sous le péristyle.

A neuf heures toutes les troupes présentes à Rome sont entrées, essayant d'ouvrir une voie de procession au milieu de cette multitude quelque peu tumultueuse. Mais, si elles y sont parvenues, cela n'a pas été sans cris, sans acrimonieuses explications et sans de rudes bousculades. Un silence général et solennel a succédé tout à coup à ce grand orage, quand à neuf heures et demie les canons des forts ont fait entendre leur toute-puissante voix. L'harmonieuse sonnerie des trois cent quatre-vingt-neuf église de Rome parvenant jusqu'à nous se mêlait à l'éclat des fanfares et de la délicieuse musique des troupes pontificales; d'admirables voix retentissaient sous les voûtes de la grande basilique et faisaient entendre le chant de *Veni creator*. Toutes les portes de Saint-Pierre étaient ouvertes comme dans les plus grands jours; puis enfin est entrée *la majestueuse Église catholique*, précédée de deux énormes croix d'or. Elle nous est apparue *cette majestueuse Église*, d'abord dans la personne des chanoines de Saint-Pierre, du clergé de la ville, des abbés des monastères et de tous les théologiens du concile; puis un peu plus loin dans la personne de ses pieux et savants évêques s'avançant gravement deux à deux et venant se prosterner la face contre terre devant Jésus-Christ, devant la Sainte-Eucharistie, triomphalement exposée sur l'autel de la confession, au milieu d'un nuage d'encens et de flots de lumières.

Oh! non, cher Edouard, tant que durera ma vie, jamais ne s'effacera de mon souvenir la profonde impression que j'éprouvai à la vue de ces vénérables représentants de toutes les églises de l'Univers, à la vue surtout de ces pauvres évêques des missions étrangères portant sur leur physionomie l'empreinte d'un climat meurtrier, de la privation et des souffrances. A la vérité les riches costumes pontificaux et la longue barbe des prélats de l'Orient, la jeunesse, l'aisance et la haute stature des évêques irlandais, anglais et américains, la majesté imposante et les nobles manières des évêques espagnols, allemands, autrichiens et surtout de nos prélats français, le dénuement et l'air de tristesse des italiens à qui la révolution a fait tant de mal, excitaient à la vérité une bien vive et bien naturelle curiosité ; mais les pauvres évêques missionnaires et martyrs des contrées sauvages et idolâtres attiraient surtout les regards et inspiraient la plus profonde vénération et une bien légitime sympathie ! A la suite de cet imposant défilé sont venus les archevêques, les patriarches et les cardinaux revêtus de leurs glorieux insignes.

Puis enfin nous est apparue la grande et radieuse figure du *pape Pie IX*, la tiare en tête, couvert d'une chape d'une éblouissante blancheur, majestueusement assis sur la *Sedia gestatoria* et bénissant avec effusion la foule compacte, immense qui tombait à genoux sur son passage.

Non, jamais, laisse-moi te le redire, cher Edouard, jamais pareil spectacle ne pourra s'effacer de mon souvenir !!! car j'ai pu contempler de mes yeux la vivante et sensible représentation de la grande Eglise catholique, apostolique et romaine.

Jésus-Christ, son chef invisible, était là, visiblement représenté par la Sainte-Eucharistie !

Le pape Pie IX, son chef visible, était également là, prosterné au pied du Sauveur Jésus, son maître, et priant avec les huit cents prélats qui entouraient à genoux le tombeau des Saints-Apôtres.

Après être resté pendant quelques instants en sublime adoration devant le Saint-Sacrement, le Pape, de sa magnifique voix, a rempli la basilique du chant des versets et des oraisons au Saint-Esprit, puis il est allé au fond de la salle du Concile s'asseoir sur son trône au milieu de tous les princes de l'Eglise, et la grand'messe conciliaire a commencé. Tu comprends combien solennelle a dû être cette messe ! Combien harmonieux et ravissants les chants que les musiciens de la chapelle Sixtine y ont fait entendre ! et quel savant et éloquent prédicateur on a dû choisir pour interpréter l'évangile du jour au milieu de cette érudite et illustre assemblée ! ! !

A l'offertoire, les sept cent cinquante pères du Concile sont descendus de leurs sièges, rangés en amphithéâtre autour du trône pontifical, et sont allés processionnellement baiser les bras et le pied du Pape, et prêter entre ses mains le serment d'obéissance et de foi.

Avec quel ton de profonde conviction et avec quelle ardeur ces premiers pasteurs de toutes les églises du monde ont-ils professé, en leur nom et au nom de tous leurs peuples, leur foi, leur croyance et toutes les doctrines de l'enseignement catholique. Une émotion générale remplissait tous les cœurs devant une scène morale et religieuse d'une aussi grande beauté, et les hérétiques eux-mêmes n'ont pu s'en défendre. Je demandais, en effet, ce soir à un Anglais protestant, qui dînait près de moi à l'hôtel de la Minerve, s'il avait été témoin de cette magnifique cérémonie? « Oui, m'a-t-il répondu, c'était superbe, admirable,
« splendide ! c'était tout ce qu'il y a de grand, de beau sur
« terre ! Mais je ne puis vous passer, à vous, catholiques,
« d'adorer votre pape, qui n'est, après tout, qu'un homme
« comme vous et comme moi ! » « Mais, lui répondis-je,
« nous ne l'adorons pas le moins du monde, croyez-le
« bien ; nous lui rendons hommage comme au Vicaire et
« au représentant de Jésus-Christ, et voilà tout ! » Eh !
« bien, me dit-il, si vraiment Dieu a besoin d'un représen-
« tant sur terre, votre Pie IX mérite bien vraiment de
« l'être ! C'est un si beau vieillard, et il a l'air d'un si
« saint et si brave homme ! »

Aussi, quand à la fin de cette pompeuse cérémonie, a retenti de nouveau la voix du Saint-Père, entonnant avec cet accent et cet éclat plein de vigueur et de foi que n'oublient jamais ceux qui l'ont une fois entendu, entonnant, dis-je, le chant du *Te Deum*, il s'est fait au milieu de la foule, dont le sourd murmure ressemble au bruit des flots, et ferait croire au voisinage de la mer, il s'est fait une sorte de silence profond et recueilli, des larmes de joie, de consolation et d'espérance ont paru dans bien des yeux et inondé plus d'un visage ; et, crois bien qu'en te racontant ce détail, je ne fais que traduire fidèlement mes impressions personnelles et celles de tous ceux qui m'entouraient.

J'avais acheté, par trois heures de longue et fatiguante attente, la vue de ce spectacle incomparable ; à trois heures et demie d'après-midi, cette majestueuse cérémonie durait encore, et cependant, presque tous à jeun et horriblement pressés, nous ne nous lassions pas néanmoins d'être là, debout, immobiles en face de cette grande chapelle conciliaire, qu'assiégeaient 70,000 étrangers au moins, les yeux continuellement fixés sur ce nouveau cénacle, cherchant à imprégner nos âmes pour le reste de notre vie du souvenir de tant de gloire et de majesté. Ah ! oui, va, quand on a vu la Sainte-Église dans sa plus haute, dans sa plus sainte et sa plus savante personnification ; quand on l'a vue dans ses cérémonies les plus sublimes et les plus touchantes, et que l'on se rappelle ce qu'elle était quand Jésus-Christ sortit de ce monde, et quand saint Pierre vint à Rome, on ne peut s'empêcher de croire au grand miracle de son établissement ; on ne peut s'empêcher de l'aimer de plus en plus ; on est heureux et fier de lui appartenir !

Il faudrait pourtant bien m'arrêter là, mais comment, avant de quitter Rome, ne pas te faire part des saintes impressions qu'elle fait éprouver à tout voyageur qui la visite en chrétien. Une des choses qui m'ont le plus frappé, c'est de voir que Jésus-Christ tient dans tout l'éclat de la majesté dont les hommes ont pu l'entourer, la première, la plus honorable place dans la ville éternelle.

C'est Jésus-Christ qui est le seul, l'unique roi de Rome. C'est à lui et à lui seul que s'adressent les hommages et la solennelle vénération dont le Souverain-Pontife est l'objet. Je te racontais, hier, l'indescriptible ovation qui lui a été faite sur la place des Saints-Apôtres ; comment ce saint et beau vieillard, entouré de son royal cortège, a été acclamé par près de 200,000 romains et étrangers qui, de toute l'énergie de leur enthousiasme et de leur poitrine, poussaient jusqu'au ciel le formidable cri de : *Vive Pie IX, pape et roi*. Eh bien ! toutes ces ovations, toutes ces acclamations, c'est à Jésus-Christ seul qu'elles s'adressent ;

c'est à Celui qui a dit à saint Pierre et à ses successeurs :
« La haine ou les honneurs dont vous serez entourés sur
« terre s'adresseront personnellement à moi, car qui vous
« y méprisera me méprisera, qui vous y honorera m'hono-
« rera moi-même. » Oui, tous ces honneurs rendus au
Pape, et dont j'étais hier l'heureux témoin, c'est à Jésus-
Christ seul qu'ils s'adressaient ; en voici la preuve : c'est
qu'une fois entré dans l'église des Saints-Apôtres, toutes
ces acclamations et cris d'enthousiasme cessèrent tout-à-
coup ; la grande et belle figure du Pape et la majesté qui
l'entoure s'effacèrent à l'instant même devant le Saint-
Sacrement, devant Jésus-Christ, le roi de Rome, exposé
sur le tabernacle et entouré de fleurs, de lumières, de lus-
tres étincelants et de pierreries précieuses ; le Pape,
comme chacun de nous, comme le plus humble des chrétiens, vint se prosterner devant Jésus, son maître, déposer
à ses pieds l'enthousiasme, les honneurs et les hommages
dont on l'inondait quelques instants auparavant sur les
places et au milieu des rues, et demeura longtemps en adoration devant Celui dont il se dit le très indigne représentant. Oui, cher Edouard, je veux te le dire dans toute la
naïveté et la simplicité de mon âme ; j'ai senti se réveiller
en moi les sentiments de la foi la plus vive et de l'amour le
plus tendre pour Notre-Seigneur Jésus-Christ présent dans
la Sainte-Eucharistie, en voyant le Pape « prier si bien le
« bon Dieu, » en le contemplant si pieusement prosterné devant la Sainte-Hostie, qu'il regardait à travers ses larmes,
et avec laquelle il semblait s'entretenir amoureusement.

Oui, Jésus-Christ est vraiment le roi de Rome. Sa croix
domine sur tous les monuments antiques restés debout, sur
les palais, sur les temples, sur les colonnes, sur les obélisques : c'est sur celui qui s'élève si majestueusement au
milieu de la place du Vatican que j'ai lu ces paroles remarquables : « Le Christ est maintenant vainqueur, le
« Christ commande, le Christ règne, fuyez puissances en-
« nemies, voici la croix du Sauveur. » Je te disais l'autre
jour de l'église Saint-Pierre, et il faut, pour être vrai,
le dire pareillement de toutes les églises de Rome, ce que
les hommes estiment le plus sur la terre : l'or, l'argent, les
marbres les plus rares, les grès les plus fins et les plus

durs, les pierres les plus précieuses ; tout ce que la peinture, la sculpture, la mosaïque ; tout ce que le génie des plus grands artistes a produit de plus ravissant, de plus admirable, de plus surprenant ; toutes les merveilles du monde, en un mot, se sont donné rendez-vous dans les trois cent quatre-vingt-neuf églises de Rome pour honorer, à leur manière, la présence de Jésus-Christ ; la présence du Dieu de la Sainte-Eucharistie.

Jésus-Christ n'est pas seulement assis en roi dans les temples, sur les monuments et les places publiques de la ville, il règne surtout dans le cœur de tous les Romains. En effet, quand il passe au milieu des rues, se rendant auprès d'un malade, à qui l'un de ses prêtres le porte en Viatique, il attire à sa suite tout ce qu'il rencontre sur son passage. Hommes, femmes, enfants, vieillards, ouvriers, marchands, tous l'accompagnent jusqu'au domicile du moribond, puis chacun retourne ensuite à ses affaires. Et, ne crois pas que le petit peuple seul rende ainsi hommage au Saint-Sacrement ; les princes de Rome (et il y en a beaucoup), les cardinaux et le Pape lui-même, quand ils rencontrent le Saint-Viatique, font arrêter leur carrosse, en descendent et suivent pieusement à pied le divin Sauveur, qui va visiter et consoler une dernière fois le plus pauvre et souvent le plus ignoré de ses enfants. C'était dimanche dernier, en passant dans une rue spacieuse, dont je ne me rappelle pas le nom, pour nous rendre à *San-Lorenzo*, hors les murs, nous fûmes tout étonnés de voir le cocher s'arrêter, descendre, ouvrir la portière et se mettre à genoux, nous invitant à en faire autant, pour adorer le *Bon Dieu* qui passait, escorté et suivi d'au moins cent cinquante personnes.

Tu comprends bien que nous ne nous fîmes pas prier. Et, comme le soir, j'exprimais ma vive satisfaction de voir le Saint-Viatique ainsi honoré au milieu des rues de Rome, on m'observa qu'en notre qualité de prêtres nous eussions dû nous joindre à la foule. Cette observation ne laissa pas que de me mortifier un peu, et je me promis bien que si je revenais jamais à Rome, je ne m'attirerais pas un semblable reproche.

Oui, Jésus-Christ, ce tout petit enfant qu'autrefois la

Sybille de Tibur fit voir à l'empereur Auguste dans un cercle d'or, qui n'eût pour premier représentant sur la terre que saint Pierre, ce pauvre pèlerin entrant à Rome dans le dénûment le plus absolu ; oui, Jésus-Christ est maintenant le grand roi de la ville éternelle, comme il est le roi de toutes les églises de l'Univers ; et c'est cet étonnant et incontestable miracle qui m'a fait me soumettre respectueusement, et croire à tous ceux dont on nous a montré les nombreux vestiges, et que l'on rencontre à chaque pas dans Rome, appelée pour cela : « la terre des miracles ! »

La Très Sainte-Vierge, à son tour, est, à Rome, l'objet de la vénération universelle. J'ai compté quarante églises bâties en son honneur, et qui portent son nom. Autrefois, et cela durant bien des siècles, les rues de Rome n'étaient éclairées pendant la nuit que par les lampes qui brûlaient devant les madones. C'est qu'en effet il n'y a pas une rue, une place, une maison qui n'ait son petit autel consacré à la mère de Dieu et sur lequel on ne voie sa gracieuse image entourée de fleurs et de lumières. Je suis entré dans beaucoup de magasins, de boutiques d'ouvriers, de pauvres ménages, et les plus misérables trouvent encore le moyen d'entretenir jour et nuit une lampe devant la bonne Mère, les cafés et les cabarets, même de la plus triste et de la plus équivoque apparence, n'en sont point dépourvus.

Et ne crois pas, cher Edouard, que ce culte universel des Romains soit un culte outré qui ressemble à de l'idolâtrie. Non, assurément, et la preuve c'est que dans toutes les églises où l'on expose le Saint-Sacrement, l'image de la Vierge est voilée, comme pour rappeler aux fidèles qu'en la présence de Jésus-Christ sur les autels, toutes les images de la Très Sainte-Vierge et des Saints doivent s'effacer complètement, « l'adoration n'étant due qu'à Dieu seul. »

Mais c'est surtout pendant les neufs jours qui ont précédé la fête de l'Immaculée-Conception que je me suis fait une idée de l'amour universel et du culte des Romains pour la Très-Sainte Vierge. A toutes les messes du matin, aux saluts et sermons du soir, pendant cette neuvaine, les églises regorgeaient de pieux fidèles invoquant et acclamant son saint nom : *E viva Maria! Maria sine labe concepta, ora pro nobis*! Chaque jour nous voyons les montagnards que l'on appelle les *Pifferari* descendre de la montagne et venir saluer de leurs champêtres sérénades les madones des rues et des places publiques. Puis, après l'hommage de leur musique, ils fixent pieusement leurs regards sur la douce image et prononcent avec amour son nom saint et béni.

Enfin, je t'ai dit un mot hier au soir de la féerique illumination qui, à l'occasion de la grande fête de la Conception, a fait resplendir les églises, les monuments, les palais, mais surtout les petits autels et les gracieuses niches des madones si fraîchement et si brillamment ornés!

Oui, si Jésus-Christ est le roi de Rome, on peut dire également que la Très-Sainte Vierge en est la reine et la mère!

Je m'arrête, mon cher Edouard, car il faut hélas! songer au départ! Et en t'envoyant mon ordinaire adieu, je ne puis m'empêcher de l'adresser à cette grande et incomparable ville, dont je garderai éternellement le souvenir. Qu'elle le reçoive donc en même temps que toi, mon adieu! Cette Rome si justement célébrée par les artistes et les poëtes! Cette antique et sainte cité des Césars et des papes, que je n'ai pu qu'entrevoir et pour laquelle néanmoins je suis pris de l'amour le plus sincère et de l'admiration la plus vive! En la quittant, je me sens le cœur serré de je ne sais quelle tristesse et comme malgré moi, en lui disant adieu! je caresse le doux espoir, si Dieu me prête vie, de la revoir un jour!

14e Lettre.

Lorette, jeudi 9 décembre 1869.

MON CHER EDOUARD,

Me voilà déjà à quatre-vingts lieues de Rome, de cette sainte et admirable cité dont j'ai le cœur, l'esprit et l'âme tellement remplis, que je ne songe plus aux fatigues de la

7

nuit et aux longues excursions de la journée. J'aurais pu rester quelques jours encore, explorer les alentours de Rome, visiter quelques-unes des nombreuses curiosités artistiques ou religieuses que notre trop court séjour nous a forcés de négliger; mais les montagnes et la mer sont impraticables; il nous faut revenir par la haute Italie et l'Allemagne; nous mettrons alors à profit les quelques jours disponibles qui nous restent, en nous arrêtant un peu plus longtemps dans les villes remarquables que nous trouverons sur notre passage; et c'est dans cette intention que nous nous sommes munis d'un billet circulaire qui nous permettra de nous reposer plus ou moins longuement là où nous le voudrons.

Donc hier au soir, à huit heures, un fiacre m'emportait *seul* de l'hôtel de la Minerve à la gare, car mes compagnons n'ont pu m'accompagner à Lorette, que je tenais beaucoup à visiter, mais je les rejoindrai cette nuit à Foligno ou demain matin à Florence. Je ne veux point te redire la pénible émotion que j'éprouvai en traversant pour la dernière fois les places et les rues de Rome splendidement illuminées; je deviendrais ennuyeux et je n'ai d'autre dessein en t'écrivant mes impressions que de vous intéresser tous les quatre.

Pendant que j'attendais en gare l'heure du départ, deux étrangers en attente comme moi, conversaient ensemble dans une langue qui n'était ni de l'anglais, ni du français, ni de l'italien. Je savais néanmoins qu'ils allaient à Ancône où je me rendais moi-même. J'adressai la parole à l'un d'eux qui me répondit très poliment et en assez bon français. « De quelle province de France êtes-vous, lui « dis-je ? » « Mais, je suis allemand, me répondit-il? » « Pardon, monsieur, lui dis-je encore, mais vous parlez « si aisément le français que je vous prenais pour un « compatriote. » Il me sourit de manière à me faire apercevoir qu'il avait trop d'esprit pour se laisser prendre à ce compliment assaisonné, je l'avoue, d'un grain de flatterie; cependant ma compagnie n'eut pas l'air de leur être désagréable, car, peu d'instants après, l'intimité la plus cordiale s'établissait entre nous trois. Nous montâmes dans le même wagon. Son compagnon était aussi gai et aussi pétulant que ce monsieur m'étonnait par son calme, son érudition et sa conversation on ne peut plus intéressante. Le plus posé de ces messieurs était de Berlin et le pétulant était Brêmois.

L'un et l'autre (mais surtout le berlinois, qui savait assez bien parler ma langue), m'accablèrent d'une multitude de questions sur toutes les branches de l'administration française : sur nos municipalités, nos conseils généraux et d'arrondissement, sur nos préfets, sous-préfets, maires et garde-champêtres, sur la manière dont la justice se rend en France et sur sa hiérarchie, sur la conscription, sur l'armée (notre velléité de garde mobile le fit un tant soit peu sourire). Quand à ses questions sur notre marine, je lui avouai ma complète ignorance sur ce chapitre. Mais de tout ce qu'il me demandait et de la manière pertinente dont il me posait ses questions, j'en conclus que je conversais avec un maître homme, ou quelque haut personnage politique à qui les voyages et les rencontres fortuites ne sont jamais inutiles. Une heureuse circonstance me confirma dans mes idées.

En arrivant à la station d'*Orte*, sur les confins des Etats de l'Eglise, un employé vint nous prier de descendre pour reprendre nos passeports. Il était minuit ; l'eau tombait en abondance ; et mes deux compagnons douillettement couchés et enfouis dans leurs couvertures de voyage firent une vilaine grimace quand on leur intima cet ennuyeux dérangement. « Donnez-moi vos deux bulletins « de passeport. leur dis-je, et je vous rendrai ce petit ser- « vice. » « Beaucoup volontiers, me répondirent-ils aus- « sitôt, et mille actions de grâces. » Cette obligeance m'en valut une de leur part bien plus importante et que je te raconterai plus loin. Une fois remonté en wagon, je leur demandai permission de voir quelle était en Prusse, la teneur des passeports, tous les deux s'empressèrent de satisfaire ma curiosité et je vis que le monsieur si pétulant et si gai, s'appelait M. Dyes, grand propriétaire, habitant la ville de Brême et que celui qui me paraissait si grave, si savant et si aimable, était un M. Eck, conseiller intime, supérieur de régence à la chancellerie de la Confédération du Nord, envoyé extraordinaire du roi de Prusse, à l'inauguration du canal de Suez et à l'ouverture du concile. En leur remettant ces passeports, je leur dis que je me trouvais très heureux de voyager en aussi haute et honorable compagnie, et eux-mêmes me rendirent la monnaie de ma pièce en me répondant le plus gracieusement du monde qu'ils estimaient fort les curés français.

Le concile, la grande fête de Suez, devinrent dès lors l'objet de notre conversation. Ce que j'avais vu mieux qu'eux dans la grande Basilique de Saint-Pierre le matin même, et la splendide ovation faite la veille au Pape sur la place des Saints-Apôtres, me mit à même de les intéresser autant sur Rome, qu'ils m'intéressèrent eux-mêmes en me racontant l'originale, mais princièrement hospitalière, réception faite aux européens par le vice-roi d'Egypte. Malgré la divergence de nos opinions religieuses (car ils étaient protestants), nous jouissions bien agréablement les uns des autres, quand une voix brutale et grossière nous ordonna de descendre.

C'était un douanier de Victor-Emmanuel (car nous entrions sur ses états), qui venait faire valoir ses droits sur la visite des voyageurs et des bagages revenant de Rome. M. Eck, fort ennuyé d'être encore une fois dérangé au milieu de la nuit, fit alors autre chose qu'une grimace ; il se lève soudain, s'approche du douanier lui fait une explication que l'autre paraît ne pas vouloir comprendre ; c'est pourquoi M. Eck lui lance à la face trois ou quatre violentes paroles dont je ne pus saisir le sens, mais que, sans crainte de me tromper, j'appellerai de formidables jurons allemands ; ils étaient si fortement accentués et si énergiquement étreints que le pauvre diable en parut comme foudroyé. Le chef de la douane arrive, notre envoyé lui montre les lettres de son roi, les franchises et les laissez-passer qui lui ont été accordés en passant sur les Etats pontificaux et il exige qu'on lui en accorde autant dans les Etats du royaume d'Italie ; puis il exhibe son bulletin, nous demande les deux nôtres et, grâce à lui, nos bagages furent exemptés du droit de visite. — Nous nous en croyions quitte comme cela, lorsque quelques instants après deux autres employés de la douane r'ouvrent la portière ; et, s'adressant à M. Dyes et à moi : *Eh ! si-*

gnor! Eh! signor! Ils veulent absolument visiter les sacs de nuit que nous avions avec nous dans le wagon. M. Eck, fou de colère s'écrie, en fortifiant sa voix de ses arguments favoris : « *Mais allez donc! ce sont là mes « deux attachés d'ambassade, celui-ci mon aumônier « et celui-là mon secrétaire.* » Les deux valets du roi galant homme répondirent en chœur et très obséquieusement : *si signor! si signor!* (oui, monsieur) et ils se retirent avec un énergique *va te coucher, poltron*, que leur adressa mon gracieux allemand.

Je n'osais le féliciter de cet ingénieux mensonge, et je ne savais comment le remercier de la haute dignité dont il m'avait si fort à propos investi. Mais il me tira d'embarras. « Cette dignité ne vous engage à rien, monsieur l'abbé, me « dit-il, qu'à vous rappeler seulement que les protestants, « aussi bien que les catholiques, sont heureux quand cela « se présente de rendre service à leur prochain. »

Ce matin, vers cinq heures, j'ai fait beaucoup de peine sans le vouloir à l'un de ces bons allemands. Il m'offrait et offrait a M. Eck, du pain, du vin et un morceau de pâté que je ne pouvais accepter, ayant l'intention de célébrer la messe au pèlerinage de Notre-Dame-de-Lorette, ce refus l'a mortifié sensiblement et il s'en est plaint en me disant : M. l'abbé méprise mon « présent. » « Oh ! non, certes, lui répondis-je ! » Et je chargeai M. Eck de lui faire comprendre que j'avais l'intention de dire la sainte Messe à Notre-Dame-de-Lorette, et que, pour célébrer et communier, il faut être à jeun. Cette explication le satisfit, et il redevint aussi gai, aussi pétulant et aussi aimable que devant.

C'est à la station de *Narni* que les douaniers de Victor-Emmanuel avaient si fortement impatienté M. Eck, et que j'avais pu passer franc de visite sous son ingénieux patronage. La nuit, la pluie et les difficultés douanières nous empêchèrent de voir, et la cathédrale, et l'aspect de *Narni*, petite ville de trois mille cinq cents âmes, bâtie sur une colline à gauche de la *Néra*.

Un peu plus loin, nous rencontrâmes la station de *Terni*, qui n'a de remarquable que ses antiquités ; mais, depuis l'établissement du chemin de fer, personne ne va plus les visiter ; on se rappelle seulement en passant que Terni réclame la gloire très contestée d'avoir été la patrie de l'historien Tacite.

Nous fûmes tout surpris, vers deux heures du matin, d'apercevoir des feux sur le sommet d'une montagne que nous cotoyâmes assez longtemps. C'étaient les feux de *Spolete*, ville de 19,000 habitants, située au pied et sur le versant de la *Somma*, montagne la plus élevée de cette partie des Apennins, nous laissant voir, malgré la nuit, les beautés d'une nature pittoresque et sauvage.

Quand les employés du chemin de fer nous signalèrent l'embranchement de *Foligno*, je me rappelai que c'était là, pour la nuit suivante, le lieu de rendez-vous pour moi et mes compagnons restés à Rome.

Que le cœur m'a saigné en traversant les champs de *Mentana* et de Castelfidardo, témoins de l'héroïque courage des zouaves pontificaux et du glorieux échec du général de Lamoricière ; en songeant que ces riches campagnes, les Marches d'Ancône, belles et fructueuses contrées composant naguère une partie du patrimoine de Saint-Pierre, ne lui appartenaient plus, et que le royal détenteur n'en était pas plus riche.

C'est à sept heures quinze minutes que nous sommes entrés à Ancône : je me séparai bien à regret de mes deux aimables allemands, après nous être adressés réciproquement le plus cordial des adieux, et nous être promis un long et mutuel souvenir.

Cette ville d'Ancône a de remarquable, d'abord sa situation ; bâtie en amphithéâtre sur le penchant d'une colline qui s'avance dans la mer Adriatique, elle est devenue, par son port, l'un des plus beaux et des plus fréquentés de l'Italie, la principale ville commerçante de la côte orientale. On y remarque aussi deux arcs-de-triomphe : celui de Trajan et du pape Clément XII. Vue du côté de la mer, la ville présente un beau coup d'œil, mais l'intérieur n'a rien d'agréable. Les rues sont étroites, irrégulières, la plus spacieuse est bordée, d'un côté seulement, de galeries qui, je t'assure, sont loin de ressembler à celles du Louvre. C'est dans l'une des baraques de ces galeries que je suis entré pour demander un *barbiere*. Trois grands efflanqués, disciples de saint Crespin, se lèvent comme un seul homme, laissant là les savates, l'alène et le tire-pied, et entreprennent *tous les trois* de me guider ; je n'en voulais qu'un, mais impossible de le leur faire comprendre : ils s'arrêtent devant une boutique où s'étalaient quelques flacons de mauvaise parfumerie ; je veux les renvoyer en leur distribuant à chacun un *soldo ;* mais, peine inutile, je n'y parviens qu'avec l'aide du *barbiere,* qui ne valait pas mieux qu'eux ; car il a fallu, après la plus longue et la plus ennuyeuse des opérations, lui verser quinze *soldi :* cinq pour raser, cinq pour brosser et cinq autres pour peigner. J'ai payé promptement, dans la crainte qu'il ne m'en demandât cinq de plus pour m'égorger.

La cathédrale, remarquable par sa façade, sa crypte et sa coupole octogone, est considérée comme l'une des plus anciennes de l'Italie ; elle est située sur l'un des promontoires entre lesquels la ville est bâtie, et elle est dédiée à saint Cyriaque. Cette église et les deux autres, que j'ai eu à peine le temps de visiter, et dont je ne sais plus les noms, m'ont paru aussi tristes et aussi abandonnées que si les habitants n'en faisaient plus usage.

Les mendiants, les filous et les poltrons pullulent à la gare, sur les places et sur le port. L'habillement des femmes, dont les voyageurs vantent avec raison la beauté, est singulier, très voyant, mais fort élégant ; je ne parle pas de leur lourde et grossière chaussure, qui contraste désagréablement avec le reste de la toilette.

Je me suis empressé de quitter un pays qui me rappelait de bien tristes souvenirs ; où j'avais mille peines à me faire comprendre, où j'étais poursuivi par tous les regards, par l'importunité des cochers et des porte-faix, dont les mines patibulaires me faisaient trembler. Au buffet de la gare, où je m'étais réfugié, deux paysans, jeunes et un peu moins mal peignés que les autres, m'ont offert de m'accompagner jusqu'à Lorette en m'engageant à prendre un billet de deuxième classe ; j'ai fait semblant d'acquiescer à leur désir, mais, en vrai normand, j'en ai pris un de première, parce que leur figure ne me rassurait guère, et suis monté en wagon à leur grand désappointement. Ils sont venus me faire comprendre que je commettais une méprise :

mon billet leur prouva le contraire ; mais le regard qu'ils m'adressèrent me contraria vivement et me suggéra de noirs pressentiments. Je regrettais d'être seul dans un pays si mal habité, quand un monsieur et une dame, qui se trouvaient devant moi, m'ont tiré bien agréablement de mes tristes rêveries.

L'un et l'autre parlaient français ; le monsieur portait à sa boutonnière le ruban de la Légion-d'Honneur ; ils arrivaient de France à travers les neiges, et se rendaient à Naples. Je les écoutais avec bonheur, mais en silence. « Monsieur l'abbé, me dit la dame, en me priant de l'ex« cuser de son indiscrétion, n'êtes-vous point un prêtre « français ? » « Oui, Madame, lui répondis-je, et vous ne « pouvez comprendre la joie que j'éprouve en vous enten« dant, depuis que nous sommes ensemble, parler ma « langue ! » Tu te figures maintenant combien a dû être agréable mon voyage d'Ancône à Lorette. Ils m'ont fait leur raconter les belles fêtes de la journée d'hier à Rome, et m'ont laissé leur carte. Je venais de voyager avec M. et Mme Brunton, 14, rue de Clichy. Le monsieur, homme fort instruit, fait partie de l'institution royale des ingénieurs civils de Londres, et va, ainsi que sa dame, passer les hivers en Italie. Cette compagnie valait bien celle de ces deux paysans qui paraissaient, je ne sais pourquoi ! tant tenir à m'avoir au milieu d'eux.

A dix heures, j'arrivais à Lorette. C'est une petite ville de six mille habitants environ, qui ressemble à l'un de nos gros bourgs français. Située sur le sommet d'une colline admirablement boisée, on y arrive par une route qui serpente, fort bien entretenue et bordée de maisons et de jardins plantureux. Ses édifices, si j'en excepte la Santa-Casa, n'ont rien de remarquable ; sa rue principale n'est composée que de boutiques de chapelets et d'images. Les mendiants, là comme ailleurs, attristent les regards et y sont en grand nombre, et de plus fort insolents. Après une assez longue discussion entre mon cocher, qui me demandait *la lune*, et moi qui ne voulais lui donner que *l'Etoile convenue*, je suis allé faire mes dévotions à Notre-Dame-de-Lorette ; puis, de là, chez les bonnes religieuses françaises du Refuge-de-Saint-Joseph. à *Monte-Reale*, auprès desquelles je m'étais, de la part de celles de la Charité de Caen, chargé d'une commission qui leur a fait grand plaisir.

Cette petite communauté est une charmante oasis au milieu d'un affreux pays (bien entendu je ne parle que de la population), car le site de Lorette, non loin des bords de l'Adriatique, est admirable et vraiment enchanteur. Tu ne peux te faire l'idée de l'honorable et cordial accueil que j'ai reçu dans ce monastère, dont la supérieure a eu l'insigne honneur d'être persécutée et emprisonnée six mois par le gouvernement de Victor-Emmanuel, et qui n'est rentrée dans son couvent que par la seule raison que leur établissement appartient à une propriétaire laïque, et que le tribunal italien, malgré toute sa bonne volonté, n'a pu l'en chasser ni la retenir plus longtemps prisonnière. Toutes les religieuses sont venues au parloir et m'ont prié de les entretenir de leur bon pays de France, de leurs maisons religieuses et des belles fêtes de Rome dont j'avais été l'heureux témoin. Elles m'ont offert un repas que leur bon cœur assaisonnait beaucoup mieux que la cuisinière, dont je crois le talent fort contestable ; il a fallu visiter leur maison, où règne le seul luxe de la propreté, de l'ordre, de la plus stricte économie, car elles sont loin d'être à l'abri du besoin. Elles comptent néanmoins vingt-cinq petites filles préservées et vingt-cinq réfugiées, qui travaillent pour le compte de la maison : mais que leurs profits sont minimes ! Les parents viennent en offrir tous les jours de nouvelles que leurs faibles ressources ne leur permettent pas d'accepter. Et puis, le gouvernement italien, qui fait flèche de tout bois, ne manque pas d'augmenter chaque mois le chiffre de leur impôt. Avant de bénir ces petites orphelines, j'ai voulu les prêcher : mais, à leur sourire, j'ai bien vu qu'elles comprenaient encore mieux le français que l'incompréhensible italien que j'avais la prétention de leur faire entendre.

Les bonnes religieuses ont eu la bonté d'envoyer chercher un archiprêtre de Lorette, leur confesseur, pour me conduire à la *Santa Casa*. Bon prêtre, parlant fort bien le français, et qui m'a rendu toutes sortes de bons offices. Aujourd'hui, c'était foire importante dans la ville et grande fête à l'église de la *Santa Casa*, dont il faut absolument que je te dise un mot.

La *Santa Casa*, ou maisonnette de la Vierge, où s'est opéré le mystère de l'Incarnation, fut, d'après la légende, primitivement découverte à Nazareth par l'impératrice Hélène. Pour la soustraire aux profanations des Sarrasins, les anges la transportèrent, dans la nuit du 12 mai 1291, en Dalmatie. Le 9 décembre 1294, elle fut de nouveau transportée, à travers les airs et l'Adriatique, sur les côtes d'Italie, dans la forêt qui avoisine Lorette. Elle est placée aujourd'hui sous la coupole et au milieu d'une riche et magnifique église dite église de *la Madone*. Je ne puis t'exprimer ce que l'on ressent de respect à la vue de cette petite maison de si chétive apparence, dont les murs, bâtis en briques, sont encore, après tant de siècles, restés nus et intacts. Dans une niche que l'on y a pratiquée, se trouve la statue de la Sainte-Vierge, vêtue d'une robe magnifique, couverte de pierreries et d'or.

Au-dessus est la cheminée de la maison, et dans une cavité du mur, le petit plat dans lequel mangeait Marie, et où j'ai déposé, comme tant d'autres pèlerins, les objets que je voulais faire bénir. Le pavé de marbre qui est à l'entour est littéralement usé par les genoux des innombrables chrétiens qui, depuis six cents ans, sont venus faire leurs dévotions devant cette sainte maison, témoin du plus incompréhensible de nos mystères.

Après avoir admiré quelques-unes des principales curiosités de Lorette et les plus beaux points de vue que l'on y peut découvrir, visité la sacristie, ses fresques, ses peintures, ses mosaïques et son riche trésor, le bon archiprêtre m'a fait entrer dans le chœur de la Santa Casa, où l'on chantait des vêpres en musique.

Hélas! jamais, non jamais, je n'ai vu dans une église, une désolation et une abomination telles! Une foule avinée, rieuse, turbulente s'y pressait ; des hommes avec de longs sarreaux blancs par dessus leur vêtement ordinaire et ressemblant aux longues chemises de nos paysans, les femmes avec des jupes courtes, les jambes nues, de gros souliers ferrés et la tête chargée d'un paquet d'étoffe rouge dont le tiers leur retombe sur le dos, des enfants presque nus se permettant impunément toutes sortes d'incongruités, une foule de mendiants importuns et jusqu'à des chiens et des chats s'étaient donné rendez-vous en ce saint lieu. La multitude parlait haut, riait aux éclats, des amateurs un peu mieux vêtus que le reste, écoutaient d'un air capable, en en contrôlant certains passages, une musique impossible, exécutée devant vingt-cinq ou trente chanoines ennuyés ou fort indifférents. Le nombreux orchestre était composé de jeunes enfants de chœur et de chantres revêtus de surplis et portant une longue barbe ; mais leur désinvolture était telle qu'ils n'eussent pas à mon avis été déplacés au milieu d'une mascarade.

Heureusement que j'avais pu ce matin en arrivant faire mes dévotions dans cette église, car cette après-midi, il m'eût été impossible de prier au milieu de cet ignoble tohu bohu. J'en suis sorti le cœur serré et rempli de tristesse à la vue de ce que la révolution italienne a fait de ce peuple et de ce saint lieu. Ce peuple, en effet, ne croit plus à rien, ne pratique plus rien ; je me trompe, il brûle encore des cierges devant les Madones, c'est la seule dévotion que lui ait laissée Garibaldi. Mais le bon Dieu, lui, est complètement détrôné chez ce peuple, qui, dit-on, mange de la viande le vendredi-saint, et qui jeûne et qui fait abstinence la veille de l'Immaculée-Conception ! Comme le diable doit en rire dans ses barbes !

J'exprimai en sortant de l'église, à mon bon archiprêtre, tous mes étonnements et mes pénibles impressions et lui demandais comment les chanoines pouvaient souffrir un pareil désordre dans le lieu saint ? « Hélas ! m'a-t-il ré-
« pondu en poussant un long soupir, il faut bien supporter
« ce que l'on ne peut empêcher ! Croiriez-vous, m'a-t-il
« ajouté, que hier les plus gros bourgeois et la canaille,
« pour faire pièce à celui de Rome et le ridiculiser, ont
« ouvert un concile de leur façon. A cause de la pluie, ils
« s'étaient abrités sous un large hangar : le bon Dieu, le
« Pape, les évêques, votre empereur lui-même ont été mis
« en lambeaux, mais dès qu'ils se sont permis d'outrager
« Victor-Emmanuel, parce qu'il n'a point eu le courage
« d'empêcher ses prélats d'aller à Rome, la police s'est

« présentée et a fait évacuer la salle anti-conciliaire. »

Je t'écris dans le parloir de la communauté où je suis descendu, en attendant l'heure du retour à Ancône. En ce moment on entend dans les rues des cris, ou plutôt des hurlements et une musique assommante. Ce sont des énergumènes qui font fête aux Pères de leur concile en plein vent et qui les conduisent à la deuxième session. Quand donc vais-je pouvoir rejoindre mes compagnons ? Que je suis affligé de mon isolement au milieu de ce pays maudit ! Comme il est tard, que la gare est loin, que les rues sont encombrées de mendiants, d'ivrognes et de gens suspects ; les bonnes religieuses veulent absolument mettre à ma disposition leur voiture et leur cocher ; je vais bientôt les quitter, ces bonnes et aimables religieuses françaises, qui m'ont si cordialement accueilli et que je suis grandement attristé de laisser après moi au milieu d'une population pareille !

Cette lettre, cher Edouard, va te paraître un peu sombre, elle ressemble à l'état de mon âme. J'étais hier bien heureux à Rome, j'étais en paradis au milieu de la majestueuse Eglise catholique. Aujourd'hui, je suis en plein enfer !

Aussi que j'ai hâte d'en sortir ! adieu.

15e Lettre.

Florence, samedi 11 décembre 1869

MON CHER EDOUARD,

Cette deuxième partie de mon voyage est loin de ressembler à la première. J'ai presqu'autant d'ennuis et de difficultés à t'en faire le récit, que je mettais naguère d'empressement et que j'éprouvais de bonheur à t'envoyer mes impressions de chaque jour. Plus nous pénétrons dans ce nouveau royaume d'Italie, plus notre cœur s'attriste et se désole du mauvais vouloir, de l'irréligion et du fâcheux esprit qui y règnent.

A Rome et dans les Etats du Pape, les habitants, s'ils sont sales et arriérés, du moins sont pleins d'obligeance pour les étrangers qui les font vivre. A Ancône, à Lorette, à Florence, on nous traite comme les bourgeois de nos villes traitaient jadis les pauvres paysans qui venaient chaque jour ou chaque semaine les faire vivre en alimentant leurs marchés. Ces italiens ne s'ingénient qu'à battre monnaie sur l'étranger; et cela se conçoit; l'or, l'argent, le billon même sont aussi rares chez eux que leur manque d'égards est commun. Ils n'ont pour leurs transactions journalières que du sale et mauvais papier, espèce d'assignats, pour lesquels nos pères nous ont inspiré tant de défiance et dont le gouvernement de Victor-Emmanuel à inondé les Etats qu'il s'est *si bravement annexés*.

Le petit peuple, les petits bourgeois, les petits marchands, tout cela paraît encore bon et honnête; mais les seigneurs, mais les messieurs avec leur habit haut monté, leurs bottes consciencieusement cirées, emprisonnant le pantalon jusqu'au dessus du genou, avec leur air capable et insolent; mais les mendiants; mais les gamins et les cochers sont insupportables. Après tout, quoi d'étonnant? Que n'a-t-on pas dit, fait et écrit pour décatholiser cette nouvelle population italienne. Nos soutanes, nos tricornes et nos rabats français deviennent le point de mire de tous les lazzis et des regards les plus moqueurs. Heureusement je n'entends guère l'italien; et puis, je salue tous ces rieurs avec un sérieux, un aplomb et un sans-gêne qui les déconcertent.

Mais en voilà bien assez sur ce chapitre; reprenons notre calepin et ses notes.

Je quittais Lorette jeudi au soir 9 décembre, après avoir, grâce à l'attention prudente des bonnes sœurs du Refuge, pu traverser sain et sauf les bandes bruyantes dont le chemin de la gare était encombré.

De Lorette à Ancône, où j'arrivais à dix heures, j'étais seul en wagon, il m'eût été possible, sans une faim cruelle qui me réveillait à tout instant, de respirer à l'aise et de me reposer un peu de mes fatigues. Je pus seulement réciter mon bréviaire.

D'Ancône à Foligno, je me trouvai en tête à tête avec un napolitain, fils de famille, voyageant pour le compte de son père, riche négociant de Naples et parlant fort bien le français. J'appris de lui que les finances italiennes leur faisaient grand peur, et paralysaient beaucoup leur transactions et opérations commerciales.

Nous brûlâmes la station de Jesi, et ne nous arrêtâmes que quelques minutes à Macerata. Mon napolitain m'apprit que c'était une ville de dix mille âmes, assez bien bâtie, dont la cathédrale, le théâtre et le palais *compagnoni*, sont assez remarquables. Enfin nous arrivâmes vers minuit à Foligno. La faim me torturait, comprends donc combien la vue du buffet me fit plaisir !

Une demi-heure après, j'étais entre les bras de mes compagnons qui me félicitèrent de mon exactitude et parurent satisfaits de me revoir ; je t'avoue que j'étais mille fois plus heureux qu'eux, et de les rejoindre et de pouvoir tranquillement assis près d'eux, leur raconter les pénibles émotions de mon échappée de vingt-huit heures. Ils regrettèrent d'autant moins la visite d'Ancône et de Lorette qu'ils avaient enfin, pendant ce temps-là, et par l'entremise de Mgr Bastide, pu trouver les moyens d'être présentés au Pape.

Nous étions tous français dans ce wagon voyageant pour Florence. Parmi nous se trouvait un bien aimable député de la *Moselle*, M. Liégeard, et sa charmante et gracieuse demoiselle, qui ne purent s'empêcher de rire aux éclats en entendant le récit de mes aventures à Ancône et la manière dont les habitants de Lorette célébraient leurs fêtes et leur diabolique concile.

Toutes ces histoires nous firent oublier que nous traversions Pérouse, l'une des plus importantes et des plus antiques villes de l'Etrurie ; Pérouse qui compte cent trois églises et qui occupe une place d'honneur dans l'histoire de l'art. Malgré toute notre bonne volonté, nous ne pûmes distinguer son fameux clocher de *San Domeneco*, le plus haut de l'Italie.

Après Pérouse, nous rencontrâmes la mélancolique *Cortona*, qui n'a plus que ses remparts pour redire aux voyageurs les magnificences de son passé.

En passant à *Arezzo*, nous pûmes voir à la lueur du crépuscule (car le jour commençait à poindre), l'agréable situation de cette ville de trente-six mille habitants ; comme ses maisons étaient bien bâties, ses rues larges et bien pavées, et nous nous rappelâmes qu'*Arezzo* ne fut pas seulement la patrie de Mécène, mais qu'elle donna le jour au célèbre Pétrarque, au non moins célèbre Vasari, au musicien Guittons et que Michel-Ange est né presque sous ses murs. Avant d'arriver à Florence, nous traversâmes une contrée, qui, grâce aux travaux de canalisation que l'on nous y fit remarquer, est devenue l'une des contrées les plus fertiles de l'Europe.

Vendredi, à sept heures du matin, nous entrâmes à Florence qui, au premier aspect, justifie si bien le renom de beauté que lui ont attiré ses édifices, ses églises, ses rues luxueusement pavées et si proprement entretenues et ses deux beaux palais renfermant de nombreux trésors artistiques.

Nous nous y promettions, durant vingt-quatre heures, toutes sortes de jouissances ; mais, hélas ! que d'ennuis et de déboires à subir avant d'y commencer nos excursions. Avant de sortir de la gare, l'un de nous y devint le jouet et la victime de la douane. On avait retiré du fond de sa malle une énorme quantité de chapelets, de médailles et de petites statues de saint Pierre en bronze, ce que, du reste, tous les autres voyageurs, qui pourtant n'avaient point été inquiétés, rapportaient comme lui de Rome. Le préposé de la douane prétendit que la chose était trop importante et ressemblait trop à une balle de marchandise pour passer sans être vérifiée, pesée et tarifée. L'opération fut longue et aussi malhonnête qu'impie. La sœur de notre aimable compagnon, victime de cette taquinerie, reprochait aux employés leurs procédés sacriléges en un énergique français qu'ils ne comprenaient pas, et eux lui répondaient en italien, auquel elle n'entendait pas un mot, autre chose que des gracieusetés ; ce qui, dans une autre circonstance, eût été passablement risible. Enfin, après avoir pesé le tout, on trouva six kilogrammes de saintes marchandises, qui furent taxées au prix de deux francs cinquante centimes. Notre compagnon, furieux de cette vexation, refuse de payer, menace les employés, qui s'en rient, de l'ambassadeur français à Florence, et juge à propos de consigner sa malle au bureau. Mais il fallut préalablement payer pour cette consignation « quatre-vingts centimes en argent monnayé, » par la raison que la douane a le privilège de pouvoir refuser le *papier italien* ; *première exécution*.

Le maître d'hôtel et d'autres personnages, très au fait des roueries douanières, engagent notre ami à aller retirer promptement sa malle et à payer les 2 fr. 50 c. de taxe. Nous y retournons tous ensemble, mais il était trop tard !
. On l'avait déjà portée en fourrière à la grande douane de la ville. En y arrivant, un facteur se présente et réclame pour le transport de cette malle de la gare aux magasins, la somme de 0 fr. 55 c. ; *deuxième exécution*.

Il paie et offre en plus les 2 fr. 50 qu'on refuse, ainsi que la malle, par la raison qu'elle ne peut être délivrée sans l'autorisation *timbrée* du directeur de la douane ; celui-ci arrive enfin et observe que quelques chapelets peuvent passer sans payer au fisc ; mais que 6 kilogrammes, c'est toute autre chose, une véritable marchandise qui, n'étant pas déclarée, est considérée comme une fraude réelle ; que la malle pourrait être confisquée légalement, ce qu'il ne fera pas par grande condescendance ; mais qu'il faut néanmoins payer d'abord, pour l'autorisation d'enlever, 45 c. ; *troisième exécution*.

En plus, la somme de 2 fr. 50 c. primitivement taxée ; *quatrième exécution*.

Puis il nous congédia très poliment et sans rire.

Nous sortions de la grande douane quand le concierge se présente à son tour, exigeant, mémoire en main, pour les dix minutes d'emmagasinage, la somme de 53 cent, ; *cinquième exécution*.

Le cocher, lui aussi, témoin de toutes nos mésaventures, voulut avoir part à ce gâteau, ou plutôt à cette brioche ; au lieu de revenir sur ses pas pour rentrer à l'hôtel, il eut l'*ingénieuse* idée de sortir la ville, et de nous y faire rentrer un instant après, afin d'être en droit d'exiger pour sa course *hors barrière* la somme de 3 fr. 50 ; *sixième et dernière exécution!*

Cette malle avait déjà payé, pour son transport de

Rome à Florence, 4 fr. 50 (car en Italie les bagages sont taxés comme s'ils n'avaient pas de maîtres), de sorte que tout cela valut à notre ami commun la perte de 12 à 13 francs, et, à nous tous le gaspillage d'une matinée entière. La morale de tout ceci, c'est que, dans le nouveau royaume d'Italie, il faut qu'un voyageur, surtout s'il est prêtre (car notre soutane n'a pas mal contribué à la fâcheuse tournure de cette affaire) ; il faut, dis-je, qu'un voyageur, surtout s'il est prêtre, se laisse égorger sans crier, autrement sa position s'aggrave.

Après déjeuner, première visite à *Santa Maria Novella*, admirable église que Michel-Ange surnommait sa fiancée. L'intérieur est remarquable par la singularité de sa construction : les arcs des nefs latérales vont en diminuant de dimensions à mesure qu'ils s'approchent du maître-autel ; cette église possède de beaux vitraux, de magnifiques et fort intéressantes peintures. C'est dans l'une des chapelles que se trouve le fameux crucifix de Brunelleschi, devant lequel notre guide nous raconta l'histoire suivante, qu'il ne manque jamais de répéter à tous les étrangers, ses clients : « Ce crucifix de bois, nous dit-il,
« si souffrant, si déchirant, fut une belle leçon d'artiste
« donnée par Brunelleschi à Donatello, qui venait de fa-
« briquer un ignoble crucifix pour l'église de *Santa*
« *Croce*. Les deux amis allaient dîner ensemble, et Dona-
« tello portait dans son tablier les œufs et les autres pro-
» visions du repas. Conduit, à son insu, par Brunelleschi
« devant le crucifix que celui-ci avait exécuté en secret,
« il ne put s'empêcher de s'écrier, avec la candeur du vrai
« talent : « Mon ami, c'est à toi qu'il appartient et qu'il
« est donné de faire des Christs, et à moi de faire des
« paysans. » Mais, au milieu de son admiration, le ta-
« blier lui échappa des mains, et les œufs et le dîner tom-
« bèrent à terre. »

De l'église, nous entrâmes dans le cloître pour y admirer les peintures en camaïeu et les fresques affreusement endommagées qui décorent les chambres espagnoles et les galeries. Les religieux ont été chassés de ce cloître comme de beaucoup d'autres, et tous ces cloîtres ainsi que leurs jardins, leurs préaux, leurs appartements sont restés sans culture, sans entretien, sans locataires et, *qui pis est*, sans acquéreurs.

Le gouvernement qui les a usurpés n'en a donc actuellement que la nu-propriété. Quelques soldats invalides, préposés à la garde de ces chefs-d'œuvre, n'y vivent que de la générosité des visiteurs. Quelles pénibles impressions l'on éprouve où la hideuse révolution a passé !

Deuxième visite sur la place du Dôme. L'on y voit la pierre du Dante, *sasso di Dante*, pierre de marbre qui marque l'emplacement où le Dante venait le soir se reposer. Deux monuments célèbres ornent cette place : Le Campanile, admirable clocher en style gothique italien, que Charles-Quint aurait voulu couvrir d'un étui. Il est entièrement revêtu de marbres blancs, rouges et noirs, et dont les joints ne ressemblent à rien de ce que nous connaissons.

Le deuxième monument de la place du Dôme, c'est le baptistère de saint Jean-Baptiste, édifice octogone bâti avec les matériaux d'un ancien temple payen. Ce qui attire principalement l'attention, ce sont ses fameuses portes de bronze, qui, lorsqu'elles furent exécutées, parurent tellement merveilleuses que la Seigneurie de Florence, accompagnée des ambassadeurs, vint les visiter solennellement. Michel-Ange disait de l'une de ces portes : « Qu'elle « mériterait bien d'être la porte du Paradis. » Tous les faits les plus importants de l'Ancien et du Nouveau-Testament y sont admirablement retracés.

La cathédrale, que nous visitâmes ensuite, d'une construction qui appartient à l'architecture gothique du Moyen-Age, est sombre au possible, mais admirable par sa richesse intérieure et sa superbe coupole, de qui Michel-Ange disait encore : « Qu'il est difficile de faire aussi bien, « mais qu'il est impossible de faire mieux. » (C'est de notre Cicérone que nous tenons tous ces dictons du grand maître.)

Le palais des *Offices* et le palais *Pitti* étant les deux grandes curiosités de Florence, nous ne pouvons les négliger. Mais, hélas ! que de chefs-d'œuvre admirables de peinture sur lesquels nous n'avons pu qu'en courant jeter un simple coup d'œil ! Que d'artistes, hommes et dames, n'avons-nous pas vu dans les galeries du palais Pitti, occupés à contempler ou à reproduire les œuvres magistrales des grands maîtres. Quinze personnes au moins et trois artistes, le pinceau à la main, étaient notamment en extase devant « la célèbre Vierge à la chaise, » l'une des œuvres les plus admirables, non pas seulement de Raphaël, mais de la peinture italienne et de l'art tout entier.

De là, sous une pluie battante, nous allons au pas de course à *San-Lorenzo ;* ce n'était pas l'église, restaurée en 1860, mais bien la sacristie nouvelle et la chapelle des Médicis qui nous y attiraient. On peut dire que cette sacristie est un sanctuaire de l'art italien. Nous y avons admiré *les fameuses statues* de Laurent et de Julien de Médicis, « celles du Jour et de la Nuit, de l'Aurore et du Crépuscule, » d'un style si fier et si caractéristique, dans lesquelles Michel-Ange a révélé sa puissante originalité.

Mais rien n'égale la richesse de la chapelle funèbre des Médicis, destinée d'abord à recevoir le Saint-Sépulcre, que l'émir Facardin avait promis d'enlever, et qui, depuis, a été consacrée à la sépulture de la famille ducale. Les murs sont revêtus des marbres les plus durs, les plus rares et les plus précieux. Seulement, il faut bien l'avouer, tant de magnificences sont plutôt faites pour exciter l'étonnement que l'admiration ; « car, » dit le livret de la chapelle funèbre des Médicis, « il est impossible de com-
« prendre que tous ces riches matériaux, venus de tous
« les coins du monde, aient pu se trouver aussi habilement
« réunis, polis, ciselés et harmonisés sous ce dôme admi-
« rable. »

La nuit arrivait, nous n'avions plus que le temps de rendre une dernière visite à l'église de *Santa-Croce :* Elle est située sur la place du même nom, célèbre dans l'histoire de Florence à cause des grands rassemblements populaires qui y ont eu lieu. La première pierre de la façade, en marbre blanc et noir, fut posée par Pie IX en 1857 ; l'église est nue, sombre, austère, éclairée par de superbes vitraux gothiques, remplie d'illustres tombeaux ; voilà pourquoi on l'a surnommée le Panthéon de Florence ; et, assurément, on ne vit jamais si bonne compagnie de morts. C'est là que reposent Galilée, Michel-Ange, Machiavel, le Dante aussi, je crois, et d'autres personnages illustres dont je n'ai point conservé les noms dans mes notes. Seulement je t'avoue que nous, qui sommes habitués à ne voir dans nos églises que des saints bien et dûment canonisés, nous avons été surpris de voir les statues en pied de ces personnages (assurément illustres, mais que l'histoire n'a pas même béatifiés), abrités sous les toits et majestueusement placés sur les piédestaux d'une église. J'en conclus, avec mes compagnons, qu'à Florence l'on rend surtout honneur aux arts et aux artistes, tandis qu'à Rome c'est à Dieu, à la Sainte-Vierge et aux Saints qu'appartiennent le culte, la gloire et toute espèce de vénération.

Après cette laborieuse après-midi, nous sommes rentrés à l'hôtel épuisés de faim et de fatigue, moi surtout, qui avais passé les deux nuits précédentes en wagon, et qui étais martyrisé par un affreux mal de dents (il est vrai que j'abuse peut-être un peu trop de ma force et de ma bonne santé). Heureusement qu'un assez honnête repas et une bonne nuit ont réparé tout cela.

Ce matin (samedi 10 décembre), nous sommes, de grand matin, allés dire la messe à *Santa-Maria-Novella*, notre voisine. Le temps s'est remis au beau ; nous voyons, sur les hauteurs des Apennins qui nous font face, d'énormes quantités de neiges. La route du Mont-Cenis, nous dit-on, est devenue complètement impraticable ; c'est pourquoi nous retournerons en France par Venise et la route du Brenner.

En terminant, je voudrais bien pourtant te faire le résumé de mes impressions à Florence ; mais j'ai si peu de temps. C'est une ville magnifique, propre, admirablement pavée ; ses monuments sont plutôt remarquables par les faits historiques qui s'y rattachent que par leur construction, assez généralement austère. Elle n'est ni industrieuse, ni riche ; ou plutôt elle est riche de gloire et pauvre d'écus ; ses habitants, comme ceux du reste de l'Italie, ne possèdent que de sales chiffons d'assignats, et, comme ils ne peuvent nous donner la monnaie de nos pièces, ils ont imaginé un moyen bien simple, c'est de les garder tout entières ; leur droit moderne n'a-t-il pas autorisé et sanctionné le système des annexions ! Quelques-uns des quartiers de Florence se modernisent ; nous avons remarqué certains magasins que la rue de Rivoli, à Paris, ne désavoûrait pas ; les bords et les quais de l'Arno sont autrement bien entretenus que ceux du Tibre, à Rome. Depuis que Victor-Emmanuel a établi le siége de son gouvernement à Florence, les palais sont transformés en établissements administratifs, parlementaires et sénatoriaux. Les cloîtres déserts et incultes, les prêtres à l'air défiant et craintif, les églises peu fréquentées font peine au cœur et à l'âme d'un chrétien, et donnent l'idée de ce que devient une ville dont la religion s'est enfuie. Ce fut également la remarque que je ne pus m'empêcher de faire, avant-hier, devant le magnifique couvent abandonné des Jésuites, qui avoisine la malheureuse cathédrale de Lorette. C'est pendant que mes compagnons sont allés visiter quelques-unes des curiosités de Florence, inexplorées hier, que je suis resté à te confectionner ce brouillon de lettre. Déchiffres-la si tu peux, et blâmes-moi si tu l'oses !

Adieu, cher Edouard, dans quelques minutes nous partons pour Venise, et nous nous rapprochons de notre belle France. Comme j'y aspire !!! On est si bien chez soi !

Je vous embrasse de tout cœur.

16ᵉ Lettre.

Venise, lundi 13 décembre 1869.

Mon cher Edouard,

Tout un long jour et deux nuits de ma vie viennent de s'écouler à Venise! A Venise, dont j'ai tant de fois lu d'admirables descriptions, mais qui tombent et s'effacent en présence de la réalité. Il faut absolument la voir pour s'imaginer ce qu'elle est. Elle est aujourd'hui ce qu'elle sera toujours, une ville à part entre toutes les villes, la plus curieuse, la plus étrange du monde.

Venise ne connaît ni les chevaux, ni les voitures, ni le

bruit, ni la poussière. Le pied de ses maisons est dans la mer ; ses rues sont des canots, ses voitures des gondoles. Un mot sur ces gondoles, cette charmante invention du Vénitien, qui en traduise l'exacte physionomie. « La gondole « est une barque longue et étroite comme un poisson, au « milieu de laquelle se trouve une cabane à toit cintré « recouverte d'un gros drap noir. Ce toit s'enlève à vo-« lonté suivant le temps qu'il fait où l'incognito que l'on « désire. Il n'y a qu'une seule portière au-devant par où « l'on entre à reculons, et de chaque côté de la cabane une « petite fenêtre que l'on ferme au moyen de glaces ou de « persiennes qui glissent sur des coulisses. Toutes les gon-« doles de Venise se ressemblent. Il est défendu aux plus « grands seigneurs d'en avoir une différente et plus luxueuse « que celle du plus simple particulier. » Tu comprends alors ce que tu as lu comme moi dans les drames vénitiens, combien de choses mystérieuses ont dû cacher ces pirogues uniformes. Deux hommes l'un à l'avant, l'autre à l'arrière, vous conduisent en silence. Ils se tiennent debout, manœuvrant et poussant l'aviron, qui prend son point d'appui dans l'entaille d'un morceau de bois irrégulier fixé sur l'un des bords de la barque. A l'angle des canaux ou à l'approche des ponts nous entendions : *sia primi!* ou *sia stai!* ou *sia di Lungo!* Cris vénitiens auxquels nous ne comprenions rien, mais aux moyens desquels les gondoliers s'avertissent, pour éviter les rencontres.

Mais en copiant mon guide, je ne m'aperçois pas que je vais trop vite, cher Edouard ; car, avant de te parler de l'intérieur de Venise, il faut que tu saches comme quoi j'y suis entré. C'est l'inexorable consigne que je me suis imposée, il faut absolument s'y soumettre. Revenons donc sur nos pas et mes notes en main partons de Florence.

A dix heures du matin, samedi 11 décembre, au moment où nous quittions l'admirable ville des Médicis, nous rencontrâmes grand nombre d'ecclésiastiques français revenant de Rome, profondément affligés des procédés peu courtois dont ils avaient été les victimes au-delà des Etats de l'Eglise et fort embarrassés de rentrer en France, à cause des neiges et du mauvais temps. Comment les consoler ou les guérir d'une maladie dont nous étions atteints nous-mêmes. La sœur de notre ami, redoutant pour sa malle les inconvénients et les avanies de la veille, entreprit de la garder près d'elle en wagon ; mais les employés s'y refusèrent ; il fallut s'en dessaisir et la faire enregistrer. Opération longue et trop tardive qui faillit, à une seconde près, nous priver de notre si aimable et si utile compagnon.

Nous avions avec nous un piémontais, député au parlement de Florence, homme fort instruit, libéral et très aimable, n'approuvant pas absolument *tout* ce qui s'est fait en Italie depuis quelques années, mais attendant du temps et des événements la sanction complète de l'unité italienne. C'est un grand admirateur de l'évêque d'Orléans, de Mgr Maret et généralement de tous ceux qui font en ce moment-ci quelqu'opposition au Pape et à l'Église. Il nous blâma beaucoup et longtemps le gouvernement romain, voulut nous prouver que l'administration d'un pays par des prêtres était chose impossible dans notre siècle. Comme il s'adressait à moi, je lui répondis : que je ne connaissais pas assez le gouvernement de Rome pour en blâmer ou en défendre l'administration, mais cependant qu'à mon avis, il avait un immense avantage sur le gouvernement de la nouvelle Italie. Car à Rome, lui dis-je, quand nous changions une pièce d'or, on nous rendait de bel et bon argent, tandis que chez les italiens l'on nous force d'accepter pour appoint de nos pièces des petits morceaux de papier que la douane nous refuse. Mais il prétendit que cet état de choses ne durerait pas et qu'après l'âge des chiffons d'assignats viendrait l'âge d'or en Italie. Que Dieu l'entende ! et surtout qu'il l'exauce ! Nous avions devant nous les Apennins que nous allions bientôt traverser. Le versant du côté de Florence est admirable par sa culture, ses beaux sites et ses charmants villages.

La première station que nous rencontrâmes fut celle de *Prato*, petite ville agréable et très industrielle de douze mille habitants environ ; on la nomme le Manchester du grand duché ; elle est située dans une plaine fertile sur la rive droite du *Bisenzio* ; l'on y fabrique, nous a-t-on dit des ustensiles de cuivre, des draps et des bonnets de laine rouge pour l'Orient.

Puis la ville de *Pistoie*, se présenta deux fois sous nos

yeux, par la raison que le chemin de fer prend en cet endroit la forme d'une *s*. Cette ville de *Pistoie*, d'origine antique est encore plus populeuse que celle de *Prato* ; on y fabrique des machines, des armes, des couteaux, des épingles, des instruments aratoires et des orgues. Elle est située au pied des Apennins ; et les plus érudits d'entre nous se rappelèrent que c'est dans ces montagnes, au nord de *Pistoie* que Catilina livra le combat désespéré, où il mourut.

Pour pénétrer sous les Apennins, ce grand ouvrage du créateur, il a fallu percer 41 tunnels au milieu du roc le plus dur et à travers d'impétueux torrents. Rien de plus curieux et de plus pittoresque que ces changements à vue d'un tunnel à l'autre. Tantôt nous courons à toute vitesse sur des viaducs fort élevés qui nous donnent le vertige ; d'autre fois le chemin de fer est établi dans le lit même d'un torrent que nous cotoyons de droite et de gauche ; ici nous apparaît un délicieux village tout entouré de montagnes, avec son église, son campanile, ses maisons coquettes et tout émaillé de jardins, de fleurs et de verdure comme le sont nos villages au mois de mai ; quelques secondes après une nature triste, sauvage, dénudée et complètement inculte.

De l'autre côté des Apennins, nous trouvons un pied de neige dans les champs et d'énormes monceaux d'avalanches glacées tout le long du chemin de fer ; et néanmoins la température est aussi douce qu'au fort de l'été.

Après Pistoie, notre aimable député Florentin, nous signala deux autres stations : *Pracchia* et *Vergato*, au-delà desquelles nous traversons un pays plat, bien cultivé et couvert de guirlandes de vignes et d'oliviers qui leur servent de support. C'était, avec les Marches d'Ancône, l'une des meilleures provinces que possédait le Saint-Père avant l'usurpation.

Bologne, où nous entrâmes, était la seconde capitale des Etats de l'Eglise ; elle possède près de quatre-vingt-dix-sept mille habitants. Nous n'y sommes restés que peu de temps, mais assez pour en saisir l'aspect. Bologne est située au milieu de cette plaine fertile enguirlandée de vignes dont je te parlais plus haut. La cathédrale semble occuper le centre de la ville et c'est autour de ce point que circulent des rues étroites et tortueuses, bordées de portiques irréguliers, utiles pour abriter les piétons, mais qui attristent l'œil du voyageur. Au milieu de la grande place, l'on admire la fontaine publique (fontana publica) qui a coûté soixante-dix mille écus d'or, mais qui par ses quatre voluptueuses Sirènes, semble former un singulier ornement pour une ville ci-devant papale. Nous ne pûmes visiter aucune de ses églises, pas même celle de Saint-Dominique si remarquable, disent les guides, et par les objets d'art qu'elle renferme et par le tombeau de saint Dominique, fondateur de l'ordre fameux qui porte son nom.

A Bologne, nous quittons l'aimable député de Florence, qui recommençait à nous parler de temps en temps du Pape et de l'Italie, mais toujours en assez bons termes et sans parti pris. Il déplore la conduite et les excès de Garibaldi, mais il voudrait, ce cher homme, que le Pape cessât d'être roi et ne fût qu'un bon Pape, et qu'alors l'Italie lui voterait un très honorable traitement. « *Payable en papier*, lui demanda l'un de nous ? » Cette question à brûle pourpoint l'impatienta et il nous traita de *farceurs* avec lesquels il n'était pas possible de parler sérieusement politique.

A la gare de Bologne, pendant un quart-d'heure environ, il nous a été donné d'entendre fort agréablement parler l'italien par un seigneur vénitien et une dame bolonaise, qui conversaient ou plutôt qui semblaient chanter ensemble. Le plus doux des dialectes italiens frappait alors nos oreilles. C'était chez la dame un charmant et véritable gazouillement; mais la prononciation du monsieur nous parut, pour la bouche d'un homme, par trop amollie, par trop efféminée. Ce vénitien, ainsi qu'un officier supérieur de l'armée italienne, montèrent avec nous en wagon. Pour avoir ramassé le sac de l'un et caressé le chien de l'autre, nous nous fîmes des amis de ces deux personnages, qui nous renseignèrent très obligeamment jusqu'à Venise.

La première chose qui frappa nos regards fut l'aspect de Ferrare, l'une des importantes villes de la Toscane, qui compte trente-un mille habitants, située dans une plaine marécageuse, près d'un des bras du Pô, elle est à cause de cela bien triste, bien abandonnée maintenant, nous dit le vénitien ; cependant ses rues grandes, larges et droites rappellent encore son antique magnificence. Nous sûmes par lui, que là comme à Bologne, à Ancône et dans toutes les villes dont on a dépossédé le Pape, les esprits forts et les badauds italiens étaient venus tenir un anticoncile, dans le genre de celui dont j'avais vu les dernières et ignobles séances à Lorette. Quel admirable ouvrage que le pont de bois sur lequel nous passâmes le Pô! Et cependant, il doit être remplacé par un non moins magnifique et solide pont de fonte, dont on nous fit admirer les gigantesques travaux préparatoires.

Après la station de *Lagoscaro*, qui n'a de particulier que les nombreuses inondations qui l'affligent, nous nous arrêtâmes quelques instants à *Rovigo*, ville assez importante de onze mille âmes. Pendant que nous passions rapidement devant la petite gare de *Monselice*, notre noble vénitien (c'était un comte) qui venait d'achever de fort bon appétit sa tranche de jambon, nous parla beaucoup du clergé italien. Nous ne tardâmes pas à découvrir le fond de sa pensée et le fâcheux esprit qui l'animait, comme du reste il anime généralement parlant la noblesse italienne ; à son avis presque tous les prêtres de l'Italie ne sont que des ignorants, des paresseux, n'inspirant aucun respect et encore moins de confiance, ayant prétendu pendant longtemps arrêter parmi le peuple, le progrès de la civilisation et des lumières ; et il termina sa tirade par un coup d'encensoir à notre adresse (mais nous ne l'acceptâmes pas). en soutenant qu'entre le clergé français et le clergé italien, il y avait une différence du jour à la nuit. Nous lui répondîmes que la raison de cette différence, c'est qu'en France, on honorait la soutane et que cet honneur inspirait aux prêtres français de s'en rendre de plus en plus dignes ; et nous lui rappelâmes alors, par les avanies dont nous avions été victimes à Florence et ailleurs, quel cas l'Italien faisait de la soutane. Il nous interrompit à la gare de Padoue, pour nous faire admirer les nombreux et élégants clochers de cette ville.

Elle a quarante-cinq mille âmes. Saint Antoine l'a, comme tu le sais, rendue à jamais célèbre par ses prédications, ses miracles et sa mort. Nous nous promettons bien, si cela se peut, en revenant de Venise d'y faire une petite excursion.

Après avoir parcouru l'un des plus beaux et des plus fertiles pays de l'Italie, nous arrivons sur ce grand et magistral pont qui relie le continent à Venise ; il nous a fallu *huit minutes et demie* pour le franchir à toute vitesse.

Nous y voilà donc enfin à Venise, il est dix heures du soir, nous ouvrons de grands yeux et pas un omnibus, pas le moindre fiacre autour de son immense gare ! Seulement quelques silencieux gondoliers, nous engagent par des signes honnêtes et suppliants, d'entrer dans leur nacelle. Nous en choisissons une à deux rames (étant nombreux et encombrés de bagages), dans laquelle suivant l'usage nous entrons à reculons. Elle nous conduit à l'hôtel indiqué par le coup de crayon de mon livre-guide que je devais à M. Auguste de Blangy, l'un de mes obligeants paroissiens, et qui m'a été dans la haute Italie et à Rome d'une si grande ressource. Nous parcourions mille petits canaux, n'entendant que le clapotement de l'eau et le balancement des rames. De temps en temps une voix brève et sonore, répond à celle de notre gondolier qui probablement crie : *gare*. Les maisons nous paraissent immensément hautes, les fenêtres ressemblent aux fenêtres arrondies des palais. Après mille détours nous arrivons enfin au pied de l'escalier qui monte à l'hôtel désigné.

Impossible de t'exprimer ce que nous éprouvions en traversant au milieu de la nuit et du silence cette ville extraordinaire. Que j'ai hâte d'être à demain pour explorer cette cité sans pareille, qui n'a que des petites et des grandes rivières pour viabilité. Nous résolvons tous ensemble de rester ici un jour franc et deux nuits entières. Franchement Venise vaut bien cela !

Hier dimanche 12 décembre, nous avons eu la satisfaction de célébrer la sainte messe à Saint-Marc de Venise, car nous logions presque sur cette admirable place, pavée et bordée de marbre, que l'on appelle aussi la place

Saint-Marc ; non loin de sa splendide basilique et tout près du palais des doges. Pour te faire comprendre mes étonnements devant ce chef-d'œuvre d'église, les mots et les expressions vont me manquer. Nous avons vu là rassemblés ; le roman, le byzantin, l'ogive, les marbres les plus rares, cinq dômes plus splendides et plus ouvragés les uns que les autres, d'inimitables mosaïques, notamment celles de la façade représentant l'enlèvement du corps de saint Marc d'Alexandrie.

En voici l'histoire en deux mots : « Deux capitaines de « vaisseaux vénitiens obtinrent d'enlever secrètement le « corps de saint Marc d'une église dévastée, où il attirait « l'universelle vénération. Pour soustraire ce corps au « droit de visite à la sortie du port d'Alexandrie, ils le « mirent dans un panier enveloppé d'herbes et recouvert « de tranches de porc, viande en horreur aux musulmans. » Et c'est à cet ingénieux stratagème admirablement reproduit par la mosaïque de la façade de Saint-Marc que les vénitiens doivent la possession de leur glorieux patron. Au dessus de cette façade se trouvent les quatre chevaux de bronze.

Ces chevaux, remarquables par leur antiquité et leur mérite artistique, sont les seuls qui se voient à Venise. Contrairement aux habitudes de leurs similaires, ils ne boivent ni ne mangent, mais ils ne bougent pas de place. S'ils sont venus de Rome à Venise, s'ils sont allés de Venise à Paris pour revenir à Saint-Marc, il a fallu leur fournir un fameux véhicule, car ce sont de lourds et puissants seigneurs !

Après déjeuner, visite au palais des doges, où le Tintoret et mille autres artistes, ont écrit avec leur pinceau la piquante et curieuse histoire de Venise, la toute-puissance et les faits et gestes de ses doges. Nous parcourûmes d'abord les immenses salles du grand et du petit conseil, ornées d'intéressantes peintures, le tribunal de l'inquisition, nous remarquâmes l'effrayante tête de lion en marbre, espèce de boîte aux lettres, dans la gueule ouverte de laquelle on glissait furtivement les dénonciations secrètes, le pont des Soupirs, avec sa fenêtre grillée devant laquelle les condamnés aspiraient une dernière fois l'air frais de l'Adriatique, les puits ou cachots humides, revêtus de bois à l'intérieur, l'endroit d'où l'on confessait et communiait ces pauvres victimes de la politique, la pièce étroite où se faisaient les exécutions, l'escalier *des Plombs* actuellement détruits, mais rendus si célèbres par la captivité et le livre de Silvio Pellico qui me causa comme à tant d'autres autrefois de si vives émotions et une haine si grande contre le gouvernement autrichien.

Maintenant, nous commençons par nous faire une idée de cette incomparable ville de Venise, de son port, de son grand canal qui la divise en deux parties inégales, de ses petits trottoirs le long des canaux, de ses deux mille cent quarante-neuf rues ou ruelles tellement étroites que deux parapluies n'y peuvent passer de front. Nous avons pris un guide qui nous conduit à pied dans ce dédale de passerelles reliées par d'étroits petits ponts cintrés ou pour mieux dire arrondis sur les canaux.

Les fabriques de verroteries et de bijoux d'agate, industrie particulière à Venise, attirèrent nos regards et firent délier nos bourses. Tu devines d'avance à qui je destine ces petits riens, et tes filles le devineront encore mieux que toi !

De là, nous montons à l'Académie des Beaux-Arts, où le nombre des salles est si grand, et où les chefs-d'œuvre sont mille fois plus nombreux. C'est là que nous sommes restés en contemplation devant *la splendide Assomption* du Titien, que tant d'artistes n'ont cessé et ne cesseront de reproduire, et que chaque année la riche Angleterre couvre en vain de ses guinées pour en devenir l'orgueilleuse propriétaire.

L'histoire de Venise est encore une fois reproduite dans quelques-unes de ces galeries, sous les traits les plus édifiants, les plus miraculeux et les plus patriotiques.

Pour n'oublier jamais la configuration et bien comprendre la situation de Venise, nous avons entrepris l'ascension de la tour de Saint-Marc; Ce n'est point un escalier qui y conduit, c'est une rampe en limaçon tellement douce (quoique toujours montueuse) que l'empereur Napoléon Ier s'y est rendu à cheval. Quelle admirable horizon ! quelle originale situation ! Comment a-t-il été possible d'imaginer et de réaliser une pareille ville au milieu des lagunes de l'Adriatique ?

Outre Saint-Marc, l'on y compte plus de cent églises ; nous n'avons pu en visiter que quelques-unes, mais qui, après celles de Rome, étaient pour nous d'un bien médiocre intérêt. Dans l'une d'elles, on fit, hier, appel à la charité des fidèles pour venir en aide aux pauvres prêtres que le gouvernement a spoliés, et, pendant la quête, que l'on fit à la grand'messe, nous remarquâmes que les petits bourgeois et les artisants offraient avec empressement leur menue monnaie, tandis que les gens riches, ou du moins ceux qui le paraissaient, ne donnaient absolument rien.

Dans cette ville de Venise, autrefois si religieuse, la Révolution a pareillement fait sentir sa funeste influence ; ses églises sont désertes, cependant un peu moins que dans les autres villes d'Italie ; les couvents sont abandonnés, ou occupés par des soldats qui ne voient la soutane qu'avec un certain étonnement et un déplaisir bien marqué. Ils reçoivent néanmoins l'argent des visiteurs, *quelque long* que soit leur habit.

C'est avec peine que nous avons lu sur les poteaux de la ville l'annonce de certains ouvrages impies contre le Pape et le Concile de Rome, cette grande et solennelle entreprise que le diable et les gouvernements qu'il inspire voient d'un si mauvais œil s'ouvrir et se réaliser. Je me représente l'Italie actuelle, pour la religion et ses ministres, comme était, en 1830, notre pauvre France pendant les premières années du gouvernement de Juillet.

Pour achever la physionomie de Venise, deux petits traits qui amuseront les nièces : C'est de notre guide de qui nous tenons le premier.

Je t'ai déjà dit qu'il n'y a dans cette ville ni chevaux ni voitures. Or, l'an passé, les jeunes gens eurent l'originale idée, à l'époque du carnaval, d'introduire dans leur cortége deux chevaux ; non pas deux chevaux de bronze, c'est trop commun à Venise, mais deux chevaux véritables, en chair et en os, et bien vivants, et montés par deux cavaliers. Ce fut pour la population entière un spectacle extraordinaire. Hommes, femmes, enfants, vieillards accouraient sur les places et sur les ruelles ou trottoirs par où devaient passer les *cavalli*, qu'ils ne pouvaient se lasser d'entendre hennir, de voir piaffer et courir sous leurs cavaliers, et qu'ils qualifiaient de *bêtes à deux étages*. Du reste, si ce peuple s'émerveille à la vue d'un cheval vivant et galoppant sur les places et sur les ponts, j'avoue qu'à mon tour je n'ai pas moins été surpris de ne rencontrer, dans cette ville, ni cochers, ni fiacres, pas même le plus petit véhicule. Puisqu'en un mot, et pour en finir, la mer et les gondoles suffisent à tout.

Autre chose qui m'a frappé hier au soir. C'est la manière dont à Venise on présente les enfants nouveaux-nés à l'église. On les apporte dans de petites crèches ressemblant à de véritables reliquaires. L'enfant est couché sur un coussin moëlleux, enveloppé de langes et de dentelles, la face et le cou découverts, et les bras nus. Au moment du baptême, on enlève le couvercle de cette petite crèche et on baptise on ne peut plus aisément le petit enfant ; il n'a rien à craindre, ni du froid, ni de la chaleur, ni de la pluie, car sa crèche est soigneusement vitrée.

Avant de quitter Venise, il est juste de dire que les hôtels, les guides et les choses de première nécessité sont à aussi bon marché qu'à Rome ; que les habitants y sont propres, courtois et pas voleurs. Je tiens à te signaler ce fait pour me venger des autres villes d'Italie, où tout est hors de prix et où il faut se tenir aussi activement en garde qu'en pleine forêt de Bondy.

Adieu, cher Edouard, en jetant un coup d'œil sur la carte et sur l'indicateur du chemin de fer, je te l'avoue, je suis passablement effrayé de la route longue et compliquée qu'il nous reste à faire pour rentrer en France. Heureusement que nous avons avec nous ce bon abbé Rohée, curé de Villers-sur-Mer, qui a très habilement combiné les heures et les trains, et que, grâce à lui, je l'espère, nous ne ferons point fausse route.

J'ignore, aujourd'hui, d'où je pourrai t'écrire ; encore une fois, adieu.

17e Lettre.

Munich, mardi 14 décembre 1869.

MON CHER EDOUARD,

Deux pieds de neige ! un froid rigoureux ! tous les voyageurs et les employés du chemin de fer enfouis jusqu'aux yeux dans d'épaisses et chaudes fourrures ! et nous, pauvres novices en voyages, aussi légèrement vêtus qu'en Italie, n'ayant pas prévu les variations subites que l'on éprouve dans des trains rapides qui, dans l'espace de quarante-huit heures vous font parcourir près de 600 lieues sous les latitudes les plus opposées ! Tu comprends maintenant tout ce que le froid nous fait souffrir !

A Venise, nous avons pris, pour Munich, un billet circulaire dont on nous déchire le nom de chacune des villes par où nous passons. Nous avons revu la belle ville de Padoue avec ses nombreux clochers que le plus beau soleil du monde faisait resplendir. Nous pouvions beaucoup plus aisément qu'avant-hier suivre son pourtour et jouir de son aspect. Le Concile, qui se tint autrefois dans ses murs, défraya un instant notre conversation.

Puis, voici au pied de fertiles collines, l'élégante ville de Vicence, l'une des plus riches de l'Italie par ses monuments d'architecture. Ce pays de la Lombardie est magnifique. Des plaines fertiles, des habitations rurales parfaitement entretenues, de nombreux et frais cours d'eau. Les oliviers, reliés par leurs guirlandes de vignes, deviennent un peu plus rares ; nous ne pouvons nous rappeler sans émotion les nombreux français que Napoléon entraînait à sa suite, et qui furent ensevelis dans ces belles campagnes.

A Vérone, nous devions changer de voiture. Mais cette ville, avec ses cinquante églises, ses 40,000 habitants, ses vieilles murailles, ses fortifications, son admirable cimetière, ses ponts sur l'Adige, qui la divisent en deux parties inégales ; ses récents travaux de défense qui lui donnent aujourd'hui une si grande importance comme position stratégique ; cette ville, dis-je, méritait bien que nous lui con-

consacrions quelques instants. Nous expédiâmes promptement notre dîner pour satisfaire autant que possible une curiosité si légitime.

Nous voilà maintenant dans un train rapide entrant en plein dans les montagnes du Tyrol, cotoyant, et de droite et de gauche, notre bon ami l'Adige, que nous avons pris à son embouchure et que nous n'abandonnerons qu'à sa source.

Par instants, nous sommes tellement resserrés au milieu des rochers élevés de la montagne qu'il n'y a de place que pour l'Adige et le chemin de fer, obligé lui-même d'empiéter sur l'ancienne route.

Quels charmants villages aux pieds de ces monts dont nous ne pouvons apercevoir la cîme ! que d'élégants clochers, paraissant et disparaissant comme des ombres chinoises ! Partout des églises ; partout des enfants sortant des écoles, criant, dansant, riant aux éclats devant notre convoi qui passait comme la foudre. Au sommet de la montagne, une neige épaisse, en bas une fraîche verdure et, de temps en temps, de délicieuses villas qui bordent l'Adige.

De la station de *Peri*, nous pûmes apercevoir, sur les hauteurs, le village de *Rivoli*, si célèbre par l'une de nos victoires.

En entrant à *Ala*, MM. les Autrichiens sont venus visiter nos bagages, mais, je me hâte de le dire, avec une politesse et une obligeance inconnues du douanier italien. Notre tabac était en poche, nos chapelets en sûreté, de sorte qu'après la perquisition du linge sale et du peu de blanc qui nous reste, on nous accorde le laissez-passer ; nous achetons nos provisions pour la nuit et nous continuons notre course vertigineuse et effrénée.

Bien que *Roveredo* possède 11,000 habitants, qu'elle soit florissante et fort importante par son commerce de soie et ses vins estimés, notre train lui brûle la politesse, probablement pour arriver plus vite et s'arrêter plus longtemps au milieu d'une immense espace arrondi, entouré de hautes montagnes où la célèbre ville de *Trente* se trouve assise.

Il faisait encore assez beau jour, et d'ailleurs le chemin de fer la domine et la traverse, de sorte qu'il nous fut facile de distinguer ses murs crénelés, ses tours, ses clochers, qui donnent à cette ville une apparence très pittoresque. L'église *Santa-Maria-Maggiore*, que l'on nous fit remarquer, est en marbre rouge et bâtie sur l'emplacement où se tint ce fameux Concile de Trente, dont les décrets nous sont si souvent rappelés dans nos églises. Nous nous demandions comment les papes et les évêques d'alors, qui n'avaient pas ce que nous avons aujourd'hui, chemins de fer, paquebots, routes et messageries impériales, pouvaient pénétrer dans une ville emprisonnée par les montagnes et d'aussi difficile accès que l'est celle de Trente, et le plus savant répondit : que c'est précisément cette difficulté d'accès qui la fit choisir, pour empêcher l'approche et le mauvais vouloir des princes, des parlements et des puissants d'alors, fortement intéressés à ce que le Concile n'eût pas lieu.

Plus nous avançons dans le Tyrol, plus la neige devient haute. D'un côté, les Alpes s'élèvent à des hauteurs incommensurables ; de l'autre, au contraire, nos yeux plongent dans d'affreux abîmes. Un beau clair de lune nous dévoile de temps en temps ces sinistres aspects. Les rails du chemin de fer, taillés à mi-côte dans le versant de ces montagnes, ne sont pas à un demi-pied des précipices, et le train, sans en paraître le moins du monde inquiet, vole avec une effrayante rapidité sur les bords de l'abîme.

Les stations de Botzen, de Brixen, de Brenner et de Steinach partagent le sort de celle de Roveredo ; nous n'avons que le temps de les saluer. Enfin, nous pûmes respirer, cesser de trembler, rouvrir les yeux et nous réchauffer quelques moments dans la gare d'Inspruck.

J'hésite maintenant à te signaler les endroits par où nous passons. Un Allemand y trouverait trop à redire. Je saluerai donc les gares, j'aime mieux cela que de les écorcher.

A notre entrée en Bavière, nous eûmes encore à subir une nouvelle visite, mais faite avec la plus grande bienveillance. Décidément, nous ne sommes plus dans la Haute-Italie. Nous n'entendons pas ce que l'on nous dit, mais nous sommes très sensibles aux égards que l'on a pour nous. Les douaniers, au moment où nous voulons ouvrir nos malles et nos sacs, nous arrêtent en nous faisant signe qu'ils ne nous prennent pas pour des contrebandiers. Mais, il faut dire aussi que l'horrible froid qu'il fait ne contribue pas mal à ce *laissez-passer* facile.

C'est à la station de Worgl, je crois, que nous avons changé de train, pour en changer une fois encore sur la ligne de Rosenneim, qui doit nous conduire directement à Munich.

C'est à cinq heures du matin que nous entrons dans la capitale de la Bavière, enfouie sous deux pieds de neige. Nous avions grande envie de visiter cette ville, ses principaux monuments ; mais, en temps pareil, toutes les villes se ressemblent. Et puis, le froid, l'impossibilité de comprendre la plus petite enseigne des boutiques et de déchiffrer le plus simple écriteau des rues, notre complète ignorance de l'allemand ; tout cela nous fait changer d'avis. Je me vois donc forcé de terminer ici ma lettre et de te l'envoyer. Elle sera bientôt, je l'espère, suivie de celle qui t'annoncera mon arrivée sur le territoire français.

Mes compagnons et moi, nous allons nous renfermer dans le chaud buffet de la gare en attendant le train pour Strasbourg.

Adieu et à bientôt.

18e Lettre.

Strasbourg, mercredi 15 décembre 1869.

MON CHER EDOUARD,

Hier matin, comme je te l'ai déjà annoncé, nous avons quitté Munich. Malgré la grande abondance de neige qui tapisse les champs, notre train rapide vole sur les rails avec une incroyable célérité. Aussi, nous n'avons pas été longtemps sans apercevoir Augsbourg, que nous avons pu admirer à l'aise à cause d'un long arrêt.

Cette ville nous rappelle naturellement la grande assemblée qui porte son nom, et si bien connue des protestants et des catholiques sous la désignation de *Confession d'Augsbourg*. Nous causions des conséquences de ce grand fait religieux, quand nous avons été distraits par l'aspect de la ville d'Ulm, où l'armée française s'est si glorieusement fait connaître.

Plusieurs petites stations, que je ne te désignerai pas *pour les raisons que tu sais*, ont précédé celle de Stuttgard, dans laquelle nous entrions à une heure de relevée.

C'est une ville importante, laborieuse, dont les alentours sont ravissants par leur propreté et leur bonne culture. Nous y avons parfaitement dîné et à très bon compte. Je m'imaginais qu'un pareil repas coûterait au moins 5 ou 6 francs, et, pour payer mon écot, j'étalais, les unes au bout des autres, mes pièces de vingt sous jusqu'à ce que le garçon dise : assez ; quand le bon abbé Rohée me souffla dans l'oreille qu'un florin ce n'était que 2 francs et 15 centimes. Si nos restaurateurs français savaient cela, ils prétendraient que ceux de Stuttgard ne savent point leur métier et ne sont pas de leur siècle.

De Stuttgard, nous sommes allés jusqu'à Carlsruhe pour redescendre par Rastadt, Oos et Kehl jusqu'à Strasbourg, où nous brûlions d'arriver. C'est à Kehl que j'essuyai une algarade suivie d'une affreuse grimace de la part de notre conducteur, que j'obsédais, à chaque station, de mes questions inintelligibles pour lui.

Enfin, après avoir passé le Rhin, sur ce beau pont que tout le monde connaît, nous cessons d'entendre l'ennuyeux baragouin des Allemands, et nous lisons avec une véritable joie une première enseigne écrite en français : *Auburge, serrurier !* Quiconque a voyagé en pays étranger sans en posséder les langues comprendra facilement tout le bonheur que la lecture de cette première enseigne nous fit éprouver.

Arrivés à Strasbourg, pendant que l'un de nous télégraphiait son arrivée aux parents et amis, que l'on cherchait le pauvre curé de Notre-Dame-d'Auray pour lui apprendre la triste nouvelle de la mort de sa mère ; nous fîmes une *course au clocher* (dans la littérale acception du mot) et une visite à la fameuse horloge, deux curiosités remarquables qui font tant d'honneur à la ville de Strasbourg. Malheureusement cette horloge, unique dans le monde, ne déploie ses magnificences qu'à midi et nous n'avions qu'une heure et demie d'arrêt.

Dans quelques instants nous allons donc monter en wagon. Mais quelle va être notre satisfaction maintenant, d'entendre signaler en langage humain, les noms des villes de Sarrebourg, de Lunéville, de Nancy et de tant d'autres que nous allons traverser ! Quel agrément à chaque station de pouvoir, au moyen d'écriteaux compréhensibles, entrer hardiment chez le chef de gare, si nous y avons affaire, ou chez le consignataire des bagages, ou chez le restaurateur, sans commettre les risibles *quiproquo* dont nous nous rendons coupables à tout instant depuis huit jours.

La partie de l'Autriche et de la Bavière que nous venons de parcourir, nous a laissé la meilleure impression. Les terres y sont admirablement cultivées; les industries les plus variées y occupent tous les bras et toutes les intelligences, les habitants sont honnêtes, hospitaliers, propres et d'une complaisance que l'on ne rencontrerait pas toujours en France. En Allemagne les prix des chemins de fer sont modérés et les employés faisaient tous les efforts les plus charitables pour nous comprendre et nous tirer d'embarras. Les voyageurs des troisièmes classes, sont aussi bien chauffés que ceux des premières et c'est justice; ces derniers sont toujours si chaudement vêtus !

Adieu, cher Edouard, la lettre qui suivra celle-ci t'annoncera l'heure de mon arrivée chez toi et au milieu des tiens.

19ᵉ Lettre.

Paris, le 17 décembre 1869.

Mon cher Edouard,

C'est demain samedi à dix heures du soir, que, s'il plaît à Dieu, j'arriverai dans la gare de Rouen, où j'ai le doux espoir de te voir et où il me sera donné de t'embrasser avec toute l'effusion de mon cœur.

Je suis depuis deux jours à Paris, au milieu de bons parents et de bons amis, qui me font fête et auxquels naturellement je raconte toutes les impressions de mon beau et long voyage.

Demain samedi, je m'arrêterai chez le cousin Raulet; dimanche et lundi, je réclamerai quelques soins de ta bonne Héloïse et de mes chères nièces, car j'ai eu la maladresse de me donner une entorse en tombant sur le pavé glissant de Paris. Je passerai la journée de mardi à Caen ; puis, j'irai célébrer la grande et belle fête de Noël dans ma chère église de Saint-Vaast, au milieu de mes bien aimés paroissiens auxquels j'aurai tant et de si saintes et merveilleuses choses à dire.

Je ne te raconte pas les impressions de mon voyage de Strasbourg à Paris par la raison que j'ai, ainsi que mes compagnons, profondément dormi pendant tout le trajet.

Ne te chagrine pas de me voir demain soir aller clopin clopant au-devant de toi ; si l'une de mes jambes refuse d'y courir, mon cœur y volera.

Tout à toi bien affectueusement.

TABLE.

		Pages.
1re LETTRE. — De Saint-Vaast.		1
2e LETTRE. — De Sainte-Honorine, près Caen		3
3e LETTRE. — De Paris.		5
4e LETTRE. — De Lyon.		7
5e LETTRE. — De Marseille.		10
6e LETTRE. — De l'île d'Elbe (Porto Ferrajo).		16
7e LETTRE. — De Civita-Vecchia.		19
8e LETTRE. — De Rome.		22
9e LETTRE. — De Rome.		29
10e LETTRE. — De Rome.		41
11e LETTRE. — De Rome.		59
12e LETTRE. — De Rome.		73
13e LETTRE. — De Rome.		88
14e LETTRE. — De Lorette.		97
15e LETTRE. — De Florence.		108
16e LETTRE. — De Venise.		117
17e LETTRE. — De Munich.		128
18e LETTRE. — De Strasbourg.		131
19e LETTRE. — De Paris.		133

Rouen.— E. Cagniard, rues de l'Impératrice, 88 et des Basnage, 5.